¿AMAMOS AÚN LA VIDA?

ERICH FROMM

¿AMAMOS AÚN LA VIDA?

Sobre lo que puede y lo que no puede lograr el amor

Edición e introducción de Rainer Funk

Traducción de María José Viejo

PAIDÓS Contextos

Obra editada en colaboración con Editorial Planeta - España

Título original: *Lieben wir das Leben noch*, de Erich Fromm

© de *¿Amamos aún la vida?*, Erich Fromm, 1967; Herederos de Erich Fromm, 1998, 2020
© de *La responsabilidad moral del hombre moderno*, Erich Fromm, 1958; Herederos de Erich Fromm, 2019
© de *Egoísmo y amor propio*, Erich Fromm, 1939; Herederos de Erich Fromm, 1997, 2020
© de *La actitud creativa*, Erich Fromm, 1959; Herederos de Erich Fromm, 2020
© de *La voluntad de vivir*, Erich Fromm, 1976; Herederos de Erich Fromm, 2020
© de *El sentimiento de impotencia*, Erich Fromm, 1937; Herederos de Erich Fromm, 2020
© de *Aspectos psicológicos de la renta universal garantizada*, Erich Fromm, 1966; Herederos de Erich Fromm, 1981, 2020
© de *Los problemas psicológicos y espirituales de la abundancia*, Erich Fromm 1970; Herederos de Erich Fromm, 1970, 2020
© de *Vita activa*, Erich Fromm, 1977; Herederos de Erich Fromm, 2020
© de la introducción, Rainer Funk, 2020
© de la traducción, María José Viejo Pérez, 2025
Fotocomposición: Realización Planeta

© 2025, Editorial Planeta, S. A. – Barcelona, España

Derechos reservados

© 2025, Ediciones Culturales Paidós, S.A. de C.V.
Bajo el sello editorial PAIDÓS M.R.
Avenida Presidente Masarik núm. 111,
Piso 2, Polanco V Sección, Miguel Hidalgo
C.P. 11560, Ciudad de México
www.planetadelibros.com.mx
www.paidos.com.mx

Primera edición impresa en España: abril de 2025
ISBN: 978-84-493-4368-1

Primera edición impresa en México: junio de 2025
ISBN: 978-607-639-005-4

Impreso en los talleres de Diversidad Gráfica S.A. de C.V.
Privada de Av. 11 No.1 Col. El Vergel, Iztapalapa,
C.P. 09890, Ciudad de México
Impreso en México - *Printed in Mexico*

SUMARIO

INTRODUCCIÓN DEL EDITOR

Por Rainer Funk

«No hay nada más atrayente que lo dotado de vida», escribe Erich Fromm en el artículo que da título al presente volumen. Pero ¿realmente nos sentimos tan atraídos por lo que está vivo? ¡Claro que sí! Cuando llega la primavera, toda la naturaleza florece y nuestros sentidos se reavivan. Sentimos la atracción por lo vivo cuando se nos contagian la alegría y el entusiasmo de un niño o cuando se hace realidad un proyecto que acariciábamos hace tiempo; cuando algo se convierte en una auténtica experiencia para nosotros o cuando percibimos algo de cariño o incluso de erotismo en otra persona. La capacidad de amar la vida y de sentirse vivo es crucial en el ser humano. Hacia el final de ese mismo artículo, Fromm afirma que «ser feliz no es lo más importante de la vida; lo importante es sentirse vivo».

¿Y en qué consiste este amor por lo vivo? Según Fromm, el amor implica «siempre una preocupación manifiesta por el crecimiento y desarrollo de aquello que amamos. No puede ser de otra manera, pues la vida es un proceso de devenir, de unificación e integración del ser. El amor por lo vivo se expresa en nuestro ardiente deseo de promover ese crecimiento».

No es casualidad que Fromm plantee el amor a la vida y la

atracción por lo vivo como la cuestión nuclear del individuo contemporáneo. A diferencia de la inmensa mayoría de los psicoanalistas del siglo XX, buscó en la sociedad y la cultura las causas de los cambios psicológicos que se producen en multitud de personas, más inconsciente que conscientemente. En la supervisión y el análisis de un amplio abanico de pacientes, así como en los estudios empíricos realizados por él mismo (Fromm, 1970b y 1980a), detectó cambios psicológicos similares en todos los individuos, que puso en relación con los avances económicos, organizativos, sociales y políticos que se estaban produciendo en el mundo.

Según Fromm, la capacidad del ser humano para amar la vida y sentirse vivo empezó a verse minada en la década de 1950, a raíz de la nueva deriva de la economía. El sistema de producción industrial evolucionó hacia una economía de mercado en la que la estrategia de venta de los productos fabricados en serie —es decir, el *marketing*— era cada vez más importante. El *marketing*, presente en todas las cosas, se interiorizó de tal manera que muchos individuos se veían como un producto que debían saber vender.

En el *marketing* no importan la persona ni sus cualidades particulares. Lo que interesa es saber qué competencias y rasgos de personalidad se pueden ejercitar para que, por ejemplo, el individuo sea capaz de mostrarse amable en cualquier circunstancia, dispuesto para el trabajo, orientado hacia el cliente y digno de aprecio. Ya no se trata de que se sienta vivo y ame la vida, sino de que pueda presentarse como alguien vivo. Lo que cuenta no es el ser, sino la representación.

Por lo general, no se cree que el propio ser —el pensamiento y sentimiento propios, los intereses y actividades personales— pueda ser útil para tener éxito y salir adelante. Por tanto, lo propio se suprime en gran medida de la experiencia consciente para que uno pueda sentirse mejor a partir de lo que ha hecho suyo (aquello en lo que se ha ejercitado o aquello que ha consumido). Fromm sostiene que el individuo «se aliena» de sus propias facultades de pensamiento, sentimiento y actividad, de modo que ya no puede recurrir a ellas. Mientras la persona pueda seguir causando buena impresión con lo que ha adquirido y estar animada en todo momento, no advertirá que ya no se nutre de sus propias facultades espirituales y psíquicas y que, por ese motivo, no tiene ya vida ni amor en su interior. Para comprenderlo, hay que pasar antes por una situación vital donde la formación que se nos ha proporcionado y las múltiples ofertas de vivencias y animación generen rechazo o no cumplan su función. Solo entonces se es consciente de lo apático, indolente, desinteresado, falto de imaginación, pasivo y vacío que uno está, y ahí se corre el peligro de caer en la impasibilidad o en una auténtica depresión. Entretanto, los informes de las aseguradoras presentan porcentajes cada vez más elevados de personas que padecen un estado de ánimo depresivo o una depresión severa (y que, por tanto, son incapaces de amar la vida).

¿Acaso hemos dejado de amar la vida? Disponemos de tantas ofertas de vivencias, de animación y esparcimiento que no nos percatamos de la falta de vida y de actividad interior que sufrimos. Cada vez corremos más peligro de sentirnos vivos únicamente cuando nos vemos animados, estimulados y alentados por algo. Pero uno solo puede sentirse verdaderamente vivo si no tiene alienada su capacidad para pensar, sentir y estar activo.

Para Fromm, la cuestión de la pervivencia del amor a la vida adquirió un sentido completamente diferente a comienzos de la década de 1960. Las dos superpotencias de aquella época, Estados Unidos y la Unión Soviética, se dirigían a una tercera guerra mundial en un contexto político cada vez más amenazante: el rearme nuclear había avanzado tanto durante la Guerra Fría que, con las armas atómicas existentes, se podía aniquilar mil veces a toda la humanidad. Fromm, a la sazón residente en México, advirtió la amenaza que se cernía sobre el mundo y se implicó en la política estadounidense.

En 1957 participó en la fundación de SANE, el mayor movimiento pacifista de Estados Unidos. Escribió un sinfín de análisis sobre la carrera armamentística, así como sobre la política nacional e internacional de Estados Unidos, la Unión Soviética, China y Alemania, y se los envió a algunos miembros del Congreso a fin de poder influir en las deliberaciones políticas. En 1961 publicó un libro muy aclamado sobre los hechos y ficciones de la política internacional (Fromm, 1961a), en el cual demostraba hasta qué punto la política de las dos superpotencias se hallaba determinada por las proyecciones. Conocido y requerido como «psicoanalista de la sociedad», viajó durante meses de universidad en universidad para hacer campaña entre los estudiantes norteamericanos sobre la necesidad de prohibir las armas nucleares y poner fin a la Guerra Fría.

Con la crisis de los misiles, la amenaza atómica alcanzó un punto crítico. El 10 de julio de 1962, la Unión Soviética empezó a desplegar en secreto unidades militares y misiles de alcance medio en territorio cubano. Unas fotografías aéreas realizadas en septiembre mostraban a la armada soviética acercándose a Cuba con el material correspondiente. Aquella noticia hizo saltar la alarma interior de Fromm. El 29 de septiembre escribió una carta a la periodista británica Clara Urquhart en la que decía:

> La otra noche redacté una especie de llamamiento sobre el amor a la vida. Surgió de un estado de desesperación que me hizo sentir que ya no es posible evitar una guerra nuclear. De pronto se me

ocurrió que si la gente se muestra tan pasiva ante la amenaza de la guerra es simplemente porque la mayoría no siente amor por la vida. Por eso pensé que sería más efectivo apelar a su amor por la vida que a su amor a la paz o su miedo a la guerra. También pensé que, si este llamamiento estuviera firmado por personas que ganaron el Premio Nobel, podría tener más impacto, y que Bertrand Russell y el doctor Schweitzer podrían ser los primeros en rubricarlo (carta del Archivo Erich Fromm, Tubinga).

Fromm mantenía contacto con Albert Schweitzer a través de Clara Urquhart. Así como Schweitzer, en plena Gran Guerra, hallándose en el valle del Ogüé, en África, no dejó de darle vueltas a la cuestión «del debilitamiento de la cultura moral» (Schweitzer, 1963, pág. 178) y, cuando ya iba a darse por vencido, le vino a la mente lo de la «reverencia por la vida» como una epifanía, igualmente a Fromm se le ocurrió aquella noche que debía apelar al amor por la vida (o *biofilia*) porque la mayoría de la gente ha dejado de amar la vida y lo viviente y, de manera inconsciente, se siente cada vez más atraída por la muerte y lo destructivo (o *necrofilia*).

Que la pasividad de tantas personas ante el peligro de una aniquilación nuclear pudiera ser señal de indiferencia ante la vida y de una atracción inconsciente por lo destructivo era para Fromm algo tan aberrante como aterrador. ¿De dónde viene esa atracción por lo inerte? ¿Acaso no existe en los humanos esa dinámica motriz que los biólogos certifican en toda forma de vida?, ¿no tienden de manera instintiva a desarrollar y hacer crecer la vida, a defenderse (agresivamente si es necesario) contra cualquier peligro y a asegurarse la supervivencia por encima de todas las cosas?

¿Cómo es posible que el individuo se sienta más atraído por la muerte y lo inanimado que por la vida y lo viviente?

Aunque el ser humano tiene mucho más en común con los primates y los mamíferos superiores de lo que se suponía, es el único organismo que, a causa de su desarrollo neuronal —sobre todo el del cerebro—, es consciente de sí mismo, puede hacerse objeto de conocimiento y, por último, pero no menos importante, posee imaginación y habilidades creativas. Solo los humanos escriben versos, fabrican aviones y se comunican por medios electrónicos. Como ya explicó el propio Fromm en *Anatomía de la destructividad humana* (1973a), el ser humano es el único animal que agrede de forma cruelmente sádica o violenta (es decir, necrófila), por el puro placer de la destrucción.

Se evidencia, por tanto, que la dinámica del impulso biofílico inherente a todo organismo no viene impuesta en los humanos, sino que puede ser eliminada. Teniendo en cuenta las peculiaridades biológicas del ser humano, Fromm considera que en nuestra especie solo existe una «potencialidad» o «tendencia primaria» hacia la biofilia, que puede verse impedida o frustrada por circunstancias individuales y sociales (véase Fromm, 1964a). Sin embargo, cuando no puede manifestarse, el impulso hacia la vida se vuelve hacia el otro lado. Como escribe Fromm en *El miedo a la libertad* (1941a):

La vida [...] tiende a extenderse, a expresarse, a ser vivida. Parece que, si esta tendencia se ve frustrada, la energía encauzada hacia la vida sufre un proceso de descomposición y se transforma en una fuerza dirigida hacia la destrucción. [...] Cuanto más plenamente se realiza la vida, tanto menor es la fuerza de la destructividad. *Esta es el producto de la vida no vivida.**

* La traducción de este fragmento pertenece a Gino Germani (Erich Fromm, *El miedo a la libertad*, Barcelona, Paidós, 2018). *(N. de la t.)*

A diferencia de Freud, quien sostenía que tanto el instinto de vida como el de muerte se hallan inscritos en el ser humano desde sus orígenes, Fromm considera que en un principio solo existe una tendencia primaria a amar la vida y lo viviente, que, no obstante, puede verse obstaculizada y frustrada, y entonces se manifiesta en forma de inhibiciones, angustias y enfermedades mentales o —en el caso de la frustración— en una atracción por lo muerto y lo inanimado.

La grave amenaza que entrañaba una tercera guerra mundial de carácter atómico y la pasividad general de la población ante semejante peligro —que Fromm interpretó como un indicio de la atracción mayoritaria por la muerte— se verían suavizadas, tras una nueva escalada de las hostilidades en 1962, gracias a la política de Kennedy. Al desvelarse en unas fotos aéreas que se habían instalado lanzamisiles en Cuba, el presidente Kennedy impuso el 22 de octubre de 1962 un bloqueo marítimo sobre toda la zona. El 27 de octubre, un destructor estadounidense lanzó varias cargas de profundidad para hacer emerger un submarino soviético que transportaba armas nucleares. Jruschov exigió un compromiso de no agresión por parte de Estados Unidos. Ese mismo día fue derribado un avión espía americano cuando volaba sobre Cuba, pero Kennedy no contraatacó y manifestó estar dispuesto a proseguir con las negociaciones.

La crisis de los misiles podría haber provocado el desencadenamiento de esas fuerzas destructivas que habrían hecho inhabitable nuestro planeta. El hecho de que en los años siguientes se adoptara finalmente una política de distensión y en 1989 se pusiera término a la Guerra Fría, pero sobre todo que se alcanzaran acuerdos para reducir el arsenal nuclear y el número de potencias nucleares, puede verse como un refuerzo de la tendencia primaria hacia la biofilia.

La cuestión de si seguimos amando la vida o si nos atrae cada vez más lo inerte tiene en la actualidad un carácter parcialmente distinto, si bien el cambio climático provocado por el hombre, el aumento de la pobreza y la desigualdad social, el terrorismo necrófilo (suicida) y la nueva carrera armamentística (incluso con misiles nucleares) son ya lo bastante amenazadores.

La atracción por la muerte y la aniquilación, es decir, la necrofilia en cuanto deseo abiertamente manifestado de destruir por destruir, tan solo se aprecia hoy en las situaciones de guerra extremas y en el terrorismo suicida. Ser violento en público y defender conscientemente una destructividad necrófila es algo que únicamente pueden permitirse quienes están tan destrozados que ya no tienen nada que perder.

En las demás personas que ya no son capaces de amar la vida ni los entes vivos, el deseo de destruir y aniquilar permanece inconsciente y reprimido. Solo se hace visible en los actos fácticos de los implicados, pero estos racionalizan y camuflan su conducta necrófila: pretenden manejarlo todo burocráticamente, buscan siempre soluciones asépticas y dicen querer ayudar a que prevalezca la ley o a que se actúe de una vez y se imponga el orden; solo se sienten bien cuando impera un orden absoluto; se apuntan siempre a lo seguro y consideran la vida como «algo hiperseguro». Para estos individuos, las personas deben ser también previsibles en todo momento y, si no lo son, es mejor apartarse de ellas; desean tenerlo todo «bajo control» y, en caso de que algo no vaya según lo previsto, controlarlo por la fuerza si es necesario.

Tales individuos no son capaces de ver nada destructivo en su forma de pensar, sentir y actuar; al contrario, a causa de sus racionalizaciones encuentran su comportamiento normal y de lo más sensato. Otros, sin embargo, lo consideran destructivo y sienten que tales sujetos se hallan atraídos por la muerte y lo carente de

vida. El hecho de que todo lo inerte, impersonal, material, calcu-
lable, regulado y seguro sea tan importante para ellos no queda
solo de manifiesto en sus racionalizaciones, sino también en su
indiferencia hacia la vida y los entes vivos. El que es indiferente a
todo demuestra que ha perdido el contacto con la vida y lo viviente. Por eso, al final del artículo «¿Amamos aún la vida?», Fromm
escribe:

> El sufrimiento no es lo peor de la vida; lo peor es la indiferencia.
> [...] Si sufrimos, podemos intentar eliminar las causas del sufri-
> miento. Pero si no sentimos nada es que estamos paralizados. A lo
> largo de la historia, el sufrimiento ha sido siempre la partera del
> cambio. ¿Destruirá la indiferencia, por primera vez, la capacidad
> del hombre para cambiar su destino?

De hecho, la indiferencia ante la vida es, por lo general, una
forma encubierta de hostilidad hacia la existencia, pero también
un claro indicio de que el amor por la vida y lo viviente ha desfa-
llecido.

La habilidad para medir, calcular y controlar las cosas, y para
desarrollar técnicas específicas a tal efecto, ha sido sumamente
beneficiosa para la humanidad a lo largo de la historia. No es
extraño, pues, que exista también un amor por la tecnología y
por todo lo técnico. Con la revolución digital han aumentado las
posibilidades de la informática casi hasta al infinito, de ahí que
haya un gran interés en el avance de la digitalización, los medios
electrónicos y la tecnología de redes. ¿Es la atracción por los prodigios de la técnica algo necrófilo? ¿Sería el entusiasmo por la
tecnología un indicio de nuestra atracción por lo inerte en detri-
mento de lo vivo?

No es una cuestión que pueda responderse de manera rotunda. En primer lugar, debemos tener en cuenta que, en muchos ámbitos, los nuevos desarrollos tecnológicos pueden conseguir más de lo que el ser humano es capaz de lograr por sí solo. Los medios de comunicación electrónicos, en particular, son unos auténticos todoterrenos que se abren paso por doquier. Sus motores de búsqueda nos permiten acceder en todo momento al conocimiento de la humanidad, estar conectados con personas del otro lado del mundo en cuestión de segundos y obtener respuesta para casi todas las preguntas de la existencia. Solo por eso son de gran ayuda para poder amar la vida.

Sin embargo, el uso de la tecnología puede llevar también a descuidar el ejercicio de nuestras propias facultades. En el aspecto físico, hace tiempo que salta a la vista: cuanto más utilizamos los medios de transporte, más se nos atrofian los músculos. Por lo tanto, debemos procurar mantenernos en buena forma. No se trata de elegir lo uno o lo otro, sino de hacer las dos cosas a un tiempo.

La mayoría de las personas no son verdaderamente conscientes de que facultades mentales como el recuerdo, la concentración, la imaginación o incluso la reflexión han de ejercitarse si no se quieren perder. Es demasiado grande la tentación de guiarse por lo que han pensado o imaginado otras personas, o de inclinarse hacia lo que amenaza y distrae, en lugar de esforzarse uno mismo o ser auténticamente «consciente».

La necesidad de no descuidar lo propio se hace aún más evidente cuando se analiza la capacidad de experimentar nuestros propios sentimientos. Hoy en día existe toda una industria que vive de hacer creer a la gente que compartir experiencias y sensaciones es mucho más atractivo que sentir sus propios sentimientos, sobre todo porque estos son con frecuencia ambivalentes o, incluso, negativos. Los que solo gustan de experiencias escenificadas y simuladas se olvidan de su propia capacidad emocional para anhelar a alguien, para ser empáticos, para echar de menos a alguien, para poder confiar en el otro, para estar tristes o para alegrarse de corazón.

Sin embargo, son nuestros propios sentimientos los que nos hacen sentir la vida y nuestra propia vitalidad. Cuando dejan de percibirse y de tener influencia en las relaciones, «desaparecen». Al mismo tiempo, aumenta nuestra necesidad de animación, impulso y entusiasmo y, con ella, la dependencia de unos medios de comunicación que nos hacen sentir vivos y experimentar algo.

Al igual que ocurre con las facultades físicas, en las capacidades cognitivas y emocionales sucede también que, ante las maravillas técnicas de nuestra época, ya no se trata de hacer una cosa o la otra, sino de hacer una cosa y no permitir la otra. Aunque puede resultar muy atrayente dejar que nos orienten algoritmos y programas de inteligencia artificial en las complicadas cuestiones de la vida y la convivencia, el factor decisivo para la supervivencia del ser humano es que siga siendo capaz de nutrirse de sus propias aptitudes cognitivas y emocionales.

Esta es una idea particularmente relevante a la vista del cambio que se ha producido en la relación del ser humano con la técnica. La tecnología digital y electrónica ya no es una simple herramienta al servicio del hombre. Para muchos se ha convertido en parte de su identidad y de su experiencia personal, pues como suele decirse: «¿Quién soy yo sin mi teléfono móvil?».

Aunque haya una simbiosis total del individuo con la tecnología y ya no pueda concebirse la vida cotidiana sin el manejo de ciertos programas informáticos, el amor a la vida y a todo lo vivo estará supeditado al ejercicio de las capacidades físicas, mentales y espirituales asociadas a la biofilia. Esto implica, dice Fromm en

«*Vita activa*», «que en nuestro interior brota algo que viene de nosotros mismos, que no se nos impone, sino que procede del poder creador que es inherente a todos nosotros».

Según Fromm, lo vivo debe estar establecido en el propio ser humano, en las facultades físicas, psíquicas y espirituales que lo caracterizan. Fromm aborda este asunto en el primer ensayo del libro, pero también en «La responsabilidad moral del hombre moderno», en «Los problemas psicológicos y espirituales de la abundancia» y en «*Vita activa*», el último artículo del libro.

Para Fromm, el amor a la vida es «el núcleo de cualquier clase de amor». Si el individuo se siente verdaderamente atraído por lo vivo, esta inclinación se manifiesta en todos los ámbitos: en la relación con los demás, en el trato con la naturaleza, en la relación con uno mismo, con la tecnología, con el trabajo, con el cuerpo, con la propia muerte.

Algunos de estos factores se exploran a fondo en los ensayos reunidos en este volumen. En «Egoísmo y amor propio», publicado en 1939, se analiza la relación de amor y desamor —egoísta o narcisista— que el ser humano mantiene consigo mismo. El egoísmo es producto de una «falta de amor hacia la propia persona». En cambio, el individuo que practica la biofilia y se ama a sí mismo se esfuerza en desarrollar «un profundo sentido de afirmación de su persona, con todas sus potencialidades intelectuales, anímicas y sensoriales».

El artículo «La voluntad de vivir» versa sobre la relación del ser humano con la mortalidad y con la propia muerte, mientras que «La actitud creativa» trata del amor a lo vivo en el trabajo de los grandes creadores. Mención especial merece el ensayo dedicado al sentimiento de impotencia, que es el más antiguo —se publicó por vez primera en 1937—, pero, en algunos aspectos, el más actual. No hay sentimiento tan difícil de soportar como el de la impotencia. Por eso, el individuo lo mantiene alejado de la conciencia siempre que puede. En el artículo, Fromm explica con detalle cómo se desarrolla ese proceso.

Hoy en día se observa que muchas personas ya no pueden seguir el ritmo de la evolución social y, como consecuencia, empiezan a sufrir internamente, a sentirse impotentes. Si la sensación de impotencia no está motivada por una superioridad externa que hace que el individuo se sienta dependiente y totalmente desvalido, entonces la causa de dicho sentimiento se encuentra generalmente en el hecho de que ya no tenemos fuerzas ni facultades propias y, como resultado, nuestro amor por lo vivo se ha desvanecido. También en este caso, el amor a la vida solo despertará de nuevo cuando se reavive el impulso hacia la biofilia y empecemos a pensar por nosotros mismos, a experimentar nuestros propios sentimientos y a trabajar de forma creativa.

¿AMAMOS AÚN LA VIDA?

¿Seguimos sintiendo amor por la vida? A algunos puede parecerles desconcertante, cuando no disparatado, plantear semejante cuestión. ¿Acaso no amamos todos la vida? ¿No es el amor a la vida la base de todos nuestros actos? ¿Podríamos seguir vivos si no amáramos la vida o no nos afanáramos en conservarla y hacerla mejor? Quizá los que piensan así y quien esto suscribe podamos, si lo intentamos de verdad, llegar a entendernos sin grandes dificultades.

Con otros será más difícil llegar a un entendimiento. Me refiero a los que reaccionan con indignación a la pregunta que aquí se plantea. «¿Cómo se atreve a poner en duda nuestro amor por la vida?», claman los indignados. «Toda nuestra civilización, nuestro modo de vida, nuestro sentimiento religioso, nuestras ideas políticas tienen sus raíces en el amor a la vida ¡y con su pregunta pone usted en cuestión los fundamentos mismos de nuestra cultura!». Es más difícil alcanzar un entendimiento con quien se indigna porque la indignación es, por naturaleza, una mezcla de ira y justicia propia, lo que dificulta cualquier entendimiento. Resulta más fácil llegar a una persona enfadada con palabras razonables y amistosas que a una indignada, porque esta última se escuda en la convicción de su propia rectitud. Sin embargo, es posible que algunos de los indignados con mi pregunta se muestren más dispuestos a escucharme cuando les explique que no pretendo atacar a nadie, que tan solo quiero mostrar un peligro que únicamente puede ser superado mostrándolo tal cual es.

Ningún ser humano ni ninguna cultura podrían existir sin un cierto amor por la vida. A menudo vemos como las personas que han perdido ese mínimo amor a la vida se suicidan, pierden la razón, se vuelven alcohólicas o adictas a las drogas. También sabemos de sociedades enteras que llegaron a estar tan desprovistas de amor por la vida y tan llenas de destructividad que se desintegraron y prácticamente se extinguieron. Pensemos, por ejemplo, en los aztecas, cuyo imperio se desmoronó como un castillo de naipes ante la acometida de los españoles; o pensemos en la Alemania nazi, que habría sido víctima de un suicidio colectivo si Hitler se hubiera salido con la suya. El mundo occidental no se ha desintegrado todavía, pero hay indicios de que puede haber llegado el momento. Para hablar del amor a la vida, primero debemos ponernos de acuerdo sobre lo que entendemos por *vida*. En principio, puede parecer algo muy fácil de definir. Podría decirse que la vida es, simplemente, lo contrario de la muerte. Un ser humano o animal que esté vivo es capaz de moverse y de reaccionar a los estímulos; un organismo muerto no puede hacer tales cosas y, además, se descompone y no permanece en el tiempo como una piedra o un trozo de madera. Esta es, desde luego, una forma muy básica de definir la vida, pero a mí me gustaría definirla con más precisión. La vida siempre tiende a la unificación y la integración; en otras palabras, la vida es necesariamente un proceso de crecimiento y cambio constantes. Cuando el crecimiento y el cambio dejan de producirse, aparece la muerte. La vida no crece de forma salvaje y desestructurada: cada ser vivo tiene su propia forma y estructura implantadas en sus cromosomas. Puede crecer de manera más plena, más perfecta, pero no puede convertirse en aquello para lo que no ha sido creado.

La vida es siempre devenir: un proceso de cambio y desarrollo, pero también de interacción permanente entre la estructura dada y el entorno en que brota un organismo. Un manzano nunca podrá convertirse en un cerezo, pero tanto los manzanos como los cerezos pueden llegar a ser árboles más o menos hermosos, dependiendo de su constitución natural y del ambiente en el que crezcan. La humedad y la luz solar que son beneficiosas para una planta pueden ser la perdición de otra. El mismo proceso se presenta en las personas; pero, lamentablemente, la mayoría de los padres y profesores saben mucho menos sobre el género humano de lo que un buen jardinero sabe sobre sus plantas.

La afirmación de que la vida no se desarrolla de forma salvaje e imprevisible, sino según ciertos patrones estructurales, no implica —salvo en un sentido muy amplio— que las características particulares de un ser vivo puedan ser conocidas por anticipado. Esta es una de las grandes paradojas de todo lo vivo: es previsible y, al mismo tiempo, no lo es. Sabemos a grandes rasgos lo que va a llegar a ser cualquier organismo viviente. Sin embargo, la vida está llena de sorpresas: comparado con el orden que existe en el ámbito de lo no viviente, el reino de la vida es de lo más desordenado. Si uno tiene tantas expectativas de «orden» —el cual es, a fin de cuentas, un parámetro creado por él mismo— que solo espera «orden» en un ser vivo, se va a sentir defraudado. Cuando existe un acusado deseo de verlo todo ordenado, se intenta imponer ese mismo patrón a la vida para tenerla bajo control, pero en el momento en que el individuo descubre que no es capaz de controlarla, se siente tan decepcionado y tan enfadado que al final intenta sofocar y aniquilar la vida. Se ha convertido en alguien que odia la vida porque no ha podido liberarse de la compulsión de control. Ha fracasado en su amor por la vida porque, como dice una canción francesa, «el amor es hijo de la libertad».

Hay que añadir que todo esto hace referencia a nuestra actitud hacia la vida de los demás, pero también hacia nuestra propia vida. Todos conocemos personas que nunca consiguen ser espontáneas ni sentirse libres porque insisten en controlar sus sentimientos, pensamientos y actuaciones; no pueden hacer nada sin conocer con exactitud las consecuencias de sus actos; siempre las acometen las dudas; buscan frenéticamente la certidumbre y, cuando no pueden obtenerla, las asaltan aún más las dudas. Las personas que sufren este afán compulsivo de control pueden ser amables o crueles, pero en todas se da el mismo condicionamiento: el objeto de su interés debe ser controlable. Cuando la necesidad de control pasa de un cierto nivel, en psiquiatría se dice que esta persona padece una neurosis obsesivo-compulsiva y un alto grado de sadismo. Estas son expresiones útiles a la hora de clasificar las enfermedades mentales. Sin embargo, mirándolo de otro modo, también se podría decir que estamos ante un individuo que sufre por su incapacidad para amar la vida y por su miedo a la vida, pues le atemoriza todo lo que escapa a su control.

Hay un principio que se aplica a todo tipo de amor, ya sea el amor a la vida o el amor a otro ser humano, a un animal, a una flor: solo seremos capaces de amar si nuestro amor se adecua y corresponde a las necesidades y la naturaleza del objeto amado. Si una planta necesita muy poca agua, mi amor por ella se expresa dándole únicamente la cantidad de agua que requiere. Pero si tengo ideas preconcebidas sobre «lo que es bueno para la planta» —por ejemplo, que regarla mucho siempre le hará bien—, acabaré dañando o matando a la planta, porque no he sido capaz de amarla del modo en que esta necesitaba ser amada. Así que no basta con «amar», con «desear lo mejor» a otro ser vivo. Mientras no sepa lo que necesita una planta, un animal, un niño, un hombre o una mujer, y no me desprenda de *mi* idea de lo que es mejor para el otro y de mi deseo de controlarlo, mi amor será destructivo, un beso de la muerte.

Muchos no pueden entender por qué si ellos aman profunda y apasionadamente a otra persona no consiguen obtener su amor o por qué llegan incluso a espantarla con la manifestación de sus sentimientos. Se quejan de la crueldad de su destino, ya que no pueden comprender por qué su amor no es correspondido. Si dejaran de compadecerse de sí mismos y de quejarse de la vida, podría irles mucho mejor y tal vez cambiarían las tornas, siempre que fueran capaces de plantearse seriamente si su amor satisface las necesidades del ser amado o bien es producto de sus propias ideas sobre lo que creen que es mejor para la otra persona.

Del control al ejercicio de la violencia no hay más que un paso. Lo que decíamos antes del primero se aplica también a la segunda: amor y violencia son contradicciones irreconciliables. Probablemente no haya mayor polaridad en el comportamiento humano que la existente entre el amor y la violencia. Ambos están profundamente arraigados en nuestra naturaleza; son dos formas elementales de enfrentarse al mundo y de relacionarse con él. Cuando hablo de violencia no me estoy refiriendo a la agresión, el asalto, la conflagración bélica; todos ellos son manifestaciones extremas de violencia, pero no son lo mismo que el *principio* de la violencia. Para la mayoría de las personas, el principio de la violencia es algo tan natural y evidente que lo dan por hecho. Pero la violencia como principio no forma parte de nuestra «naturaleza humana».

La imposición por la fuerza se presenta a menudo como la solución más adecuada y sencilla de un problema. Pensemos, por ejemplo, en una madre cuyo hijo se niega a hacer lo que debe. ¿Qué puede dar mejores y más rápidos resultados que obligarle a hacerlo? Si uno tiene poder y la otra parte ha de claudicar, ¿por qué no utilizar ese poder? Por supuesto, hay muchas formas de emplear la fuerza, unas más amables que otras. Se puede intentar convencer al chiquillo y no mencionar siquiera la amenaza de la fuerza, que se mantiene en reserva como último recurso; o bien podemos soltar la amenaza a las primeras de cambio. También se puede usar la fuerza con moderación y solo en la medida que sea necesaria para conseguir lo que se pretende. Quienes tienden al sadismo pueden utilizar enseguida la violencia y mucho más allá de lo que requiere la situación. El uso de la fuerza no implica necesariamente amenaza física: puede ser también psicológica, aprovechando la impresionabilidad o ignorancia del pequeño para engañarle, para contarle alguna mentira o para manipularle a nuestro antojo. La violencia no solo permite conseguir un objetivo determinado, sino que además proporciona una gran satisfacción a quien se sirve de ella (siempre que el adversario sea verdaderamente incapaz de defenderse). Parece demostrar su fuerza, su supremacía, su poder. Pero ¡qué engañoso es todo esto! Esa persona solo es superior porque es más grande y fuerte que el niño; si se enfrentara a un hombre armado, ese individuo, el supuestamente fuerte, sería como un chiquillo.

Esta actitud hacia los niños es solo una de las múltiples formas en que se manifiesta la violencia. También se da en la vida adulta, tanto en las relaciones personales como en las sociales, y a veces incluso en un grado mayor, porque el sentimiento de ternura que la mayoría experimentamos hacia los niños y que podría suavizar nuestra actitud es menos probable que aparezca en nuestra relación con otros adultos, en especial cuando se trata de personas a las que no conocemos. En la mayoría de las relaciones interpersonales son las leyes las que nos impiden valernos de la fuerza y la violencia. Hay muchos ejemplos de normas legales que imponen restricciones al empleo de la fuerza cuando se utiliza como medio de imposición de la voluntad del otro. Sin embargo, las leyes solo proporcionan una protección mínima contra el recurso de la fuerza. En las relaciones personales, por lo general no pueden impedir que se imponga. El padre está haciendo uso de la fuerza cuando impide que su hijo adolescente elija la carrera que quiere dejando de pasarle la asignación; también la madre que apela entre lágrimas a la magnanimidad de su hijo para disuadirle de casarse con la mujer de su elección; el empresario que amenaza con despedir a un trabajador, o el profesor que obliga a sus estudiantes a aceptar sus puntos de vista y les pone malas notas si no los asumen. Todos ellos se imponen por la fuerza, aun cuando no sean conscientes de ello.

Las relaciones internacionales no se rigen por un derecho supranacional que restrinja el uso de la fuerza. El principio de soberanía, reconocido por todas las naciones, permite al Estado hacer valer sus intereses por los medios que considere oportunos, entre los cuales se incluye, por supuesto, y de manera crucial, su poder militar y económico. Nos tranquilizamos diciendo que solo utilizamos la violencia para defendernos, pero no nos importa —y hasta lo aceptamos sin reservas— que, para conseguir nuestros objetivos, se siembre cuanta muerte y destrucción sean necesarias. Nos hemos vuelto tan insensibles que tomamos tranquilamente el desayuno mientras leemos en la prensa cómo se mata o mutila a hombres, mujeres y niños.

Obviamente, el uso de la violencia solo tiene sentido cuando una de las partes es más fuerte que la otra. Por lo tanto, parece lógico que se tienda a aumentar el propio potencial, al tiempo que se hace todo lo posible para impedir que la otra parte lo iguale. Sin embargo, la historia demuestra mucho mejor que la vida personal que todos los intentos de garantizar una superioridad permanente por medio de la violencia están condenados al fracaso. Lo que en la euforia del triunfo se ve como el pilar básico de una estabilidad que se mantendrá durante siglos, y que tiene su fundamento en una capacidad de fuerza superior, acabará viniéndose abajo unas décadas después, cuando se presente una nueva potencia o una debilidad interna. El Reich de los Mil Años de Hitler, que no duró más que quince, es un excelente ejemplo de triunfo basado en el uso de la violencia.

De hecho, incluso cuando parece producir los resultados deseados, la violencia tiene peligrosos efectos secundarios. A nivel nacional, deja a los vencidos con un apasionado deseo de venganza y al mismo tiempo les proporciona la justificación moral para recurrir también ellos a la violencia cuando las circunstancias se lo permitan.

La imposición por la fuerza tiene también peligrosos efectos colaterales en quienes se valen de ella. Quien la emplea suele confundir la fortaleza de sus propios medios para imponerse (su riqueza, posición, prestigio, sus tanques, sus bombas) con la fortaleza de su propia persona. La verdad es que ni siquiera intenta fortalecerse *a sí mismo* (es decir, fortalecer su espíritu, su amor, su vitalidad), sino que invierte toda su energía en la potenciación de sus *medios*. Mientras aumenta su capacidad de fuerza, se debilita él mismo como persona, y llega un momento en que ya no puede hacer otra cosa que relacionarse con el mundo de forma violenta, apostándolo todo al triunfo de su método. Se ha vuelto menos vivo, menos interesado e interesante; es un individuo más temido y, para muchos, claro está, más digno de admiración.

La vía del amor es radicalmente opuesta a la de la violencia. El amor intenta entender, convencer, estimular. Por este motivo, el que ama se transforma continuamente a sí mismo: es más sensible, más observador, más productivo, más él mismo. El amor no implica sentimentalismo ni debilidad. Es más bien un método para influir sobre algo y cambiarlo sin los peligrosos efectos secundarios de la imposición forzosa. A diferencia de la violencia, el amor requiere paciencia, esfuerzo y, sobre todo, coraje. Quien está decidido a resolver un problema con amor ha de tener el arrojo necesario para soportar la decepción, para seguir siendo paciente a pesar de los reveses. Debe confiar en su propia fortaleza en lugar de en la versión pervertida de esta: la violencia.

Lo que acabo de exponer es ya bien conocido. Sin embargo, conviene escribir sobre estas cosas, pues, por muy conocidas que sean, muchas veces no somos conscientes de ellas. Con mis observaciones sobre la violencia y el amor como actitudes básicas ante la vida, pretendo sobre todo animarlo a tomar *conciencia* de lo que sabemos y que, sin embargo, no sabemos que sabemos. Observe cómo reacciona ante su hijo, ante un perro, un vecino, un vendedor, un adversario político o un enemigo político. Verá como se le tensa el cuerpo cuando no se cumplen sus deseos, como busca enseguida algún medio de fuerza, como se siente derrotado cuando no puede encontrarlo o no tiene ninguno a su disposición. Cuántas veces se habrá sentido como la Reina de *Alicia en el País de las Maravillas* cuando exclama: «¡Que le corten la cabeza!». En ocasiones, si queremos reconocer nuestra inclinación al uso de la fuerza, es necesario observar con atención y aprender a percibir unas reacciones de las que apenas somos conscientes.

Por lo tanto, hay que intentar planteárselo de otra manera y renunciar a ese recurso. Manténgase animado y paciente y, en lugar de preocuparse solo por los resultados, ponga más atención en el proceso; verá cómo se relaja y cómo se libera de la tensión y la ansiedad. La apelación a la fuerza y la violencia es solo uno de los modos de resolver los problemas de la existencia. Pero solo es factible para quienes disponen de los medios necesarios para ello. Aunque el uso de la fuerza sea una de las posibles formas de resolver los problemas de la vida, no es nada satisfactorio. Hace que uno dependa de sus propios medios de poder, que se sienta solo y asustado. El amparo en la fuerza es una de las reacciones posibles a los acontecimientos de la vida, pero es una reacción absurda, no solo por el carácter inestable de la propia fuerza, sino fundamentalmente porque no sirve para nada a la hora de afrontar el problema más importante de la vida: la llegada inexorable de la muerte. Tanto el poderoso como el que no tiene poder serán vencidos algún día por la muerte, y esta derrota segura es lo que hace que el principio de la fuerza sea tan ridículo, aunque no necesariamente a nivel consciente.

El amor implica siempre una preocupación manifiesta por el crecimiento y desarrollo de aquello que amamos. No puede ser de otra manera, pues la vida es un proceso de devenir, de unificación e integración del ser. El amor por lo vivo se expresa en nuestro ardiente deseo de promover ese crecimiento. En cambio, como ya hemos visto, el deseo de control y el uso de la fuerza van en contra de la naturaleza del amor e impiden su desarrollo y realización plena.

¿Y por qué se habla aquí de «amor a la vida» —se preguntarán algunos con impaciencia— cuando hasta ahora solo se nos ha hablado de amor a las personas, a los animales o a las plantas? ¿Existe el «amor a la vida»? ¿No es acaso una abstracción, en tanto que los únicos objetos reales del amor son fenómenos específicos y concretos como las personas?

Creo que ya he respondido en parte a esta cuestión, o al menos he proporcionado las bases necesarias para responderla. Si la vida es por naturaleza un proceso de crecimiento y realización y no se puede amarla ejerciendo control o violencia sobre ella, entonces el amor a la vida es el núcleo de cualquier clase de amor: es el amor por la vida de un ser humano, de un animal, de una flor. El amor a la vida, lejos de ser algo abstracto, es el núcleo concreto y genuino de cualquier tipo de amor. Quien cree amar a otro ser humano, pero no ama la vida, puede que dependa profundamente de él, pero no le ama.

Sabemos bien que esto es así, aunque por lo general no somos conscientes de ello. Cuando se afirma que alguien es «un amante de la vida», la mayoría de la gente entiende muy bien lo que se quiere decir. Se trata de un individuo que ama todo lo que se desarrolla y está vivo, que siente interés por el crecimiento y la evolución, ya sea de un niño, un adulto en proceso de cambio, una idea que toma forma o una organización que se desarrolla. Para una persona así, incluso seres inertes como las piedras o el agua pueden estar llenos de vida. Si se siente atraída por lo vivo no es porque sea algo grande y poderoso, sino porque está provisto de vida. A menudo se reconoce a quien ama la vida por la expresión de su rostro. Hay un resplandor en su mirada y también en su piel, algo que brilla en él y que es como un aura. Todo enamorado ama la vida, y este amor por la vida es la base de la atracción mutua. Cuando su amor por la vida es demasiado débil y no puede mantenerse en el tiempo, el enamoramiento desaparece, y los antiguos amantes no entienden por qué sus rostros siguen siendo los mismos y a la vez distintos de como eran antes.

¿Es el amor a la vida algo en lo que los seres humanos solo muestran diferencias de grado? Sería fantástico que así fuera, pero, por desgracia, también hay personas que no aman la vida, sino que lo que «aman» es la muerte y la destrucción, la enfermedad, la decadencia y la desintegración. No se sienten atraídas por el crecimiento y dinamismo de lo vivo; al contrario: les provoca tal repulsión que solo quieren eliminarlo. Odian la vida porque no pueden disfrutar de ella ni tenerla bajo control. Sufren la única perversión genuina que existe, que es la atracción por lo muerto. En *El corazón del hombre* (1964a) he llamado a estas personas *necrófilas*, es decir, 'amantes de la muerte', y he dejado bien claro que la inclinación hacia la necrofilia, en sus formas más acusadas, apunta a la existencia de una grave enfermedad psíquica.

Si mira a su alrededor, verá que conoce tanto personas que aman la muerte como personas que aman la vida, aunque es muy posible que no se lo haya planteado en estos términos, porque, a fin de cuentas, todo el mundo parece «simpático» y «amable» en un primer momento; y cuando alguien manifiesta un «irrefrenable» deseo de matar, no sabemos a qué atribuirlo y decimos simplemente que es un enfermo. Puede que efectivamente así sea, pero ¿cómo podemos estar seguros de que no padecemos también nosotros la misma enfermedad? ¿Qué nos hace estar tan seguros de que amamos la vida y no la muerte?

De hecho, hay graves síntomas en la cultura actual que indican que ya sufrimos esa perniciosa atracción hacia la muerte. Se pueden observar manifestaciones de esta atracción en todas partes: en la dominación y la destructiva violencia que imperan en el ámbito internacional; en los crímenes y la crueldad existentes en todos los países; en el elevado grado de tensión y ansiedad que se percibe en los individuos y que prácticamente puede medirse en términos cuantitativos por la cantidad de tranquilizantes que se venden en nuestra nación; en la adicción a las drogas, que no son más que una forma de reemplazar el amor genuino a la vida por una exaltación y una emoción constantes. No necesitamos estadísticas para percatarnos de la magnitud del problema. La mayoría de nosotros mostramos esos síntomas en mayor o menor medida. Pensemos, por ejemplo, en esa copa que tantos necesitamos antes de sentirnos a gusto en compañía de otras personas; en nuestras expresiones artificiosas de regocijo o de tristeza cuando la ocasión lo requiere; en nuestra tendencia a *pensar* y no a *sentir* lo que es apropiado para cada situación (una boda, un funeral, el cuadro de un artista célebre); en el uso cada vez mayor del sexo para lograr «intimidad» y excitación sin sentir nada por la otra persona, salvo deseo.

Otro indicio de la ansiedad y la presión que estamos sufriendo es el tabaquismo. Cualquiera que haya intentado alguna vez dejar de fumar sabe que la tentación de encender un cigarrillo es mucho mayor cuando uno tiene que reunirse con otras personas o se encuentra en una situación angustiosa.

Pruebe a hacer el siguiente experimento. Quédese tranquilamente sentado, sin hacer nada ni pensar en nada. Puede que cierre los ojos o que fije la vista en un árbol, un prado, una flor. Quizá crea que esto es algo sencillo. ¡Inténtelo! Es muy posible que se sienta inquieto, que le vengan a la mente un montón de cosas, mientras espera que termine de una vez el experimento.

¿Son esta tensión y angustia problemas personales? Hasta cierto punto, podría decirse que se trata de problemas atribuibles al individuo, pero en realidad son producto de nuestra forma de vivir en la era industrial. Fundamentalmente, porque nos preocupan más los *resultados* que el *proceso* que nos lleva a ellos. Estos resultados, en el ámbito de la producción industrial, se consiguen con máquinas y artilugios, y hemos llegado a un punto en que nosotros mismos nos consideramos máquinas, esperamos resultados rápidos y buscamos artilugios que produzcan el efecto deseado.

Pero no somos máquinas. La vida no es un medio para conseguir un fin, sino un fin en sí misma; el *proceso* de vivir, esto es, de cambiar, crecer, desarrollarse, de llegar a ser criaturas más despiertas, más conscientes, es mucho más importante que cualquier consecución o realización mecánica, siempre que —y esta es una condición crucial— amemos la vida. Si a una persona le preguntan por qué quiere a alguien y ella responde que «porque tiene éxito, fama y dinero», probablemente el otro se sienta molesto, pues sabe muy bien que todo eso no tiene nada que ver con el amor. Pero si dijera que le ama porque es muy vivaz, porque le encantan su sonrisa, su voz, sus manos, porque todo él irradia vida, entonces estaría dando razones de peso. Lo mismo sucede en todo individuo. Alguien es interesante porque se interesa y alguien es amado porque es capaz de amar y porque ama la vida que hay en él y en los demás seres humanos.

Esta actitud, sin embargo, no es habitual en una cultura que valora los resultados por encima del proceso, las cosas por encima de la vida, los medios por encima de los fines, y nos enseña a usar el cerebro cuando debería intervenir el corazón. El amor a una persona y el amor por la vida no son algo que se pueda conseguir de forma apresurada. El sexo quizá sí, pero no el amor. El amor requiere el placer de la quietud y el sosiego, la capacidad de disfrutar del *ser* en lugar del *hacer, tener* o *usar*.

Otro factor que dificulta el amor a la vida es nuestro creciente y nunca satisfecho apetito por las cosas. Es cierto que las cosas pueden, y deben, servir al hombre; pero si se convierten en fines, en lugar de seguir siendo medios, tienden a socavar el interés y el amor del hombre por la vida y a convertirlo en un apéndice de la máquina, en una cosa. Las cosas pueden producir muchos resultados, pero no pueden sentir amor, no pueden amar a las personas ni la vida misma. Estamos tan adoctrinados en el consumismo que hemos llegado a creer que casi ningún placer es completo si no incluye algo que se pueda comprar. Hoy ha caído en el olvido una idea fundamental que hace unas generaciones se imponía por sí misma: los placeres más hermosos de la vida no vienen de ningún objeto. Solo requieren capacidad para el sosiego, para «dejarse llevar» y para estar concentrados.

El viaje a la Luna, que excita la imaginación de millones de personas, es más fascinante para la mayoría de la gente que entregarse por entero a la contemplación de una persona, de una flor, de un río o de uno mismo. Sin duda, en esa expedición hay inteligencia, perseverancia, valentía, audacia, pero no hay amor. El viaje a la Luna es solo un símbolo de nuestra existencia con aparatos mecánicos, de la admiración por ellos y por su utilización. Este mundo de objetos manufacturados es un orgullo y, al mismo tiempo, un peligro para el hombre. Cuanto más se pone de manifiesto la cosificación del mundo, más nos interesamos por el manejo de las cosas; cuanto menos percibimos la singularidad de la vida, menos capaces somos de amarla. De hecho, tenemos motivos para creer que nos gustan más los prodigios de la técnica capaces de destruir la vida que la vida misma. ¿Será esta la razón por la que los habitantes del mundo industrializado no hemos conseguido imponer un desarme nuclear efectivo, porque la vida ha perdido gran parte de su atractivo y, en cambio, las cosas se han convertido en objeto de nuestra admiración?

Otro factor que obstaculiza el amor a la vida es la creciente burocratización de todo lo que hacemos. Aunque se le den nombres bonitos como *trabajo en equipo*, *colaboración* o cosas parecidas, el hecho esencial es que, en aras de la eficiencia económica, se tiende a encorsetar al individuo de manera que encaje en un grupo; entonces es eficiente y disciplinado, pero ya no es él mismo ni está plenamente vivo y, por lo tanto, tiene paralizada su capacidad de amar la vida.

Llegados a este punto, seguramente se preguntarán qué podemos hacer para cambiar todo esto. ¿Es necesario renunciar a nuestro sistema de producción masiva, a nuestros avances tecnológicos, para ser capaces de volver a amar la vida? No lo creo. Pero lo que sí es preciso es tomar conciencia del peligro, poner las cosas materiales en su lugar y dejar de cosificarnos y de convertirnos en manipuladores de cosas. Si amamos lo vivo en lugar de servirnos meramente de ello, entonces hasta las cosas mismas —un vaso, por ejemplo— pueden cobrar vida a través de nuestra creativa forma de manejarlas, tal como hacen los artistas. Entonces aprenderemos que, si observamos una cosa o a una persona el tiempo suficiente, se nos revelará su esencia. Pero hay que examinarla con atención, dejar de intentar sacar algo de ella y estar realmente sosegados. Quien no puede evitar describir lo que ve con expresiones arrebatadas como «¿No te parece maravilloso?» o «Daría la vida por verlo de nuevo» es probable que no experimente gran cosa; quien es capaz de mirar un árbol como si este le estuviera mirando seguro que se queda sin palabras.

No hay recetas para amar la vida, pero se puede aprender a amarla. Aquellos que no se dejan llevar por las apariencias, que son capaces de ver a los demás y a sí mismos tal como son, que aprenden a practicar el sosiego en lugar de estar «siempre en movimiento», que perciben la diferencia entre la vida y las cosas, entre la felicidad y la excitación, entre los medios y los fines y, especialmente, entre el amor y la violencia, ya han dado los primeros pasos hacia el amor a la vida. Una vez dados estos primeros pasos, hay que plantearse nuevas preguntas. Se pueden encontrar respuestas importantes en algunos libros, pero sobre todo en uno mismo.

Hay una cuestión que no podemos pasar por alto: cuanto más ama alguien la vida, más ha de temer el ataque constante a la verdad, la belleza y la integridad de la vida. De hecho, estos ataques son muy comunes, sobre todo en nuestros días. Pero salvaguardarse del dolor volviéndose indiferente a la vida solo produce mayor dolor. Cualquier persona profundamente deprimida puede confirmar que el sentimiento de tristeza es un alivio frente a la tortura de no sentir nada. Ser feliz no es lo más importante de la vida; lo importante es sentirse vivo. El sufrimiento no es lo peor de la vida; lo peor es la indiferencia.

Es más: si sufrimos, podemos intentar eliminar las causas del sufrimiento. Pero si no sentimos nada es que estamos paralizados. A lo largo de la historia, el sufrimiento ha sido siempre la partera del cambio. ¿Destruirá la indiferencia, por primera vez, la capacidad del hombre para cambiar su destino?

LA RESPONSABILIDAD MORAL DEL HOMBRE MODERNO

Antes de hablar de la responsabilidad o el problema moral del hombre moderno, quisiera explicar algunas cosas para evitar que se me malinterprete. Hoy en día impera en el ámbito intelectual el relativismo ético. Por lo general se considera que las normas morales solo tienen validez en aquella cultura en la que han sido socialmente aceptadas. Los valores de los cazadores de cabezas serán considerados buenos por los cazadores de cabezas y el mandamiento del amor al prójimo será considerado bueno por las culturas donde se haya adoptado este mandato. La mayoría de los sociólogos asumen que los valores y normas morales no tienen una validez general, objetiva y universal. Puede parecer que, al tratar el problema moral del hombre moderno, yo también participo de esa idea, pero no es el caso, ni mucho menos. Considero, por el contrario, que existen ciertas normas y valores básicos para la vida que ya reconocieron hace miles de años todos los grandes líderes espirituales de la humanidad, a pesar de no tener contacto entre sí. Son valores universales precisamente porque tienen su fundamento en la propia naturaleza del hombre, en la propia condición humana. Esto implica, desde luego, que el ser humano no solo existe en el plano fisiológico o anatómico, como todos creemos, sino también en el espiritual y psicológico; que podemos hablar de la «naturaleza humana», de la esencia del ser humano, por cuanto es posible definirla y determinarla. Este es otro supuesto que, mucho me temo, no comparten la mayoría de los sociólogos contemporáneos.

No puedo entrar aquí en detalle en lo que yo entiendo por «naturaleza humana». No obstante, quisiera hacer algunas observaciones al respecto para no limitarme a presentar un discurso que, si no va acompañado de ejemplos, no tiene mucho sentido.

El ser humano forma parte de la naturaleza. Es el único animal consciente de sí mismo, la única criatura que vive en la naturaleza y, al mismo tiempo, la trasciende. Los humanos tienen conciencia de sí mismos, de su pasado y de su futuro. No viven instintivamente como hace el animal. Están separados de la naturaleza y, desde que llegan al mundo, tienen que enfrentarse a los grandes interrogantes que plantea la existencia: ¿qué vamos a hacer con nuestra vida?, ¿adónde vamos?, ¿qué sentido tiene la vida? En realidad, tal y como yo lo veo, hay una sola pregunta, sobre la cual se ofrecen diversas respuestas. Estas se han presentado en diferentes momentos y lugares de la historia, y se han expresado de maneras distintas, pero solo algunas de ellas aparecen reiteradamente. Podría decirse que la historia de la religión y la historia de la filosofía son, en realidad, la historia o el proceso de esas pocas respuestas posibles. Sin embargo, todos tenemos que plantearnos esa pregunta, y el tipo de vida que llevemos estará en relación directa con la respuesta que ofrezcamos.

Quizá pueda explicar mejor lo que quiero decir con un ejemplo. El ser humano ha de relacionarse con sus semejantes y con la naturaleza. Quien no tiene vínculo alguno es que ha perdido el juicio. De hecho, puede definirse la locura como un estado de carencia absoluta de vínculos personales. La relación con los demás puede darse de diversas maneras: por medio de la sumisión, del ejercicio del poder o de una orientación comercial, en cuyo caso la relación consiste en un intercambio continuo, al igual que se intercambian productos en un mercado. Pero también podemos relacionarnos por medio del amor. Dada la naturaleza del género humano, esta es la única forma satisfactoria de relacionarse con los demás, porque solo el amor preserva simultáneamente la integridad y la realidad de los implicados. También se puede «amar» sometiendo al otro o ejerciendo poder sobre él, pero entonces ambas partes —el que somete y el que es sometido— pierden su integridad, así como una cualidad humana fundamental: la independencia. En el amor auténtico se mantienen el vínculo y la integridad personal.

Todo lo que acabamos de explicar es una especie de introducción al tema que estamos tratando, a fin de evitar malentendidos. Para decirlo de otro modo, el problema moral del ser humano es siempre el mismo. No existe ningún problema moral que sea exclusivo de un país en concreto o de una época concreta de la historia. Sin embargo, las circunstancias particulares en las que vive la gente son muy distintas y, por lo tanto, se nos presentan diferentes aspectos de un mismo problema moral que debemos destacar.

La mayoría de las personas, al menos en nuestros días y posiblemente también a lo largo de la historia, comete un error. Es el mismo error que cometieron los franceses en la Segunda Guerra Mundial, cuando pensaron que podían combatir con las tácticas y la estrategia de la primera, es decir, volvieron la vista hacia los problemas morales de la generación anterior, hacia los vicios y pecados del pasado; luego declararon alegremente que los habían superado, y, al final, creyeron haber superado la mayoría de los problemas morales de la humanidad porque habían resuelto los de periodos anteriores. Sin embargo, hoy en día nos enfrentamos a problemas éticos igualmente graves, solo que diferentes de los del pasado. Un par de ejemplos nos permitirán explicar mejor lo que acabo de decir.

Los problemas morales del siglo XIX

Vamos a abordar ahora los problemas morales que existían en siglo XIX, aunque debe tenerse en cuenta que no nos referimos a los defectos morales de cuantos vivieron en esa época, sino que se trata de presentar una imagen más general del carácter, de lo que podríamos llamar el carácter social de las personas que vivieron en esos años. ¿Cuáles eran los vicios del siglo XIX? El primero y más relevante fue el *autoritarismo*, la imposición de una obediencia ciega. Tanto los niños y las mujeres como los varones trabajadores debían obedecer a quien detentara la autoridad sin cuestionar en ningún momento sus órdenes. La desobediencia era en sí misma un pecado.

El segundo vicio fue la *explotación*, una explotación brutal de las personas. Hoy nos sorprende que las damas y los caballeros que gozaban de respetabilidad y de buena educación pudieran participar en el tráfico de esclavos —aunque esto no sucedió en el siglo XIX, sino un poco antes—, pero quienes explotaban sin misericordia a los negros en el Congo no eran mejores que los esclavistas o que aquellos que explotaban despiadadamente a los niños en las fábricas. Este es un problema moral que casi hemos olvidado y que hoy examinamos con asombro.

El tercer vicio del siglo XIX fue la *falta de igualdad* entre sexos y razas. La gente creía que esta desigualdad tenía su razón de ser, que no entraba en contradicción con las Sagradas Escrituras, y no prestaba atención a las contradicciones existentes entre la palabra de Dios y el desigual trato de las personas.

El cuarto vicio, por así decirlo, fueron la *avaricia* y el *acaparamiento*, ya que, para la clase media del siglo XIX, el ahorro constituía una gran virtud: uno solo podía hacerse rico acumulando, economizando, ahorrando su dinero y no gastando un centavo. Hoy en día ya no se considera una virtud, pero sí que lo fue en aquella época.

Por último está lo que podríamos llamar el *individualismo egocéntrico* del siglo XIX. Aquí podríamos poner un ejemplo de la obra de Freud. A propósito del mandamiento «ama a tu prójimo como a ti mismo», Freud escribe que «es una sandez. ¿Cómo puedo yo amar a mis semejantes? No se lo merecen. Yo no dispongo de tanto amor. A quien tengo que amar es a mi familia. Ese mandamiento es una completa estupidez». Freud expresa aquí con valentía algo que muchas personas sentían entonces, pero no se atrevían a decir a las claras: «Mi casa es mi castillo y yo soy yo; ¡cuídate, forastero!». Tal vez hubiera más vicios en el siglo XIX, pero no he pretendido ser exhaustivo. Ahora veremos en qué se han convertido estos defectos morales.

LA AUTORIDAD EN NUESTROS DÍAS

Hoy la autoridad no tiene el mismo sentido que en el siglo XIX. Ha desaparecido casi por completo en Estados Unidos y en otras zonas del mundo. Si alguien tiene miedo son más bien los padres de los hijos y no a la inversa, y ello por una razón muy sencilla. Actualmente se piensa que lo nuevo es siempre lo mejor, y como los niños son siempre «más nuevos» y saben más de las cosas nuevas que sus progenitores, los padres tienen que aprender de ellos.

Antes de pasar a la cuestión de la autoridad como problema ético del presente, voy a aportar algunas explicaciones sobre el concepto de autoridad. En primer lugar, debemos distinguir la autoridad racional de la irracional. Por *autoridad irracional* me refiero a la autoridad ejercida por medio del miedo y la presión sobre la base de la sumisión emocional. Es la autoridad de la obediencia ciega, el tipo de autoridad que se encuentra más claramente en todos los países totalitarios.

Pero también tenemos la *autoridad racional*, término con el que aludo a cualquier tipo de autoridad que se articule sobre la competencia y el conocimiento personal, que permita la crítica y que por su naturaleza tienda a disminuir, y que no se base en los factores emocionales de la sumisión y el masoquismo, sino en el reconocimiento realista de la competencia de una persona para ejercer su trabajo. Si estoy en un barco en el que se produce una situación crítica y el capitán da las órdenes oportunas para hacerle frente, no se me ocurrirá nunca poner en cuestión su autoridad. Acataré sus órdenes porque asumo y tengo razones para creer que es una persona competente. Si acudo a la consulta de un médico competente, reconozco su autoridad racional porque estoy convencido de que conoce bien su campo y, por lo tanto, debo seguir sus indicaciones. En términos dinámicos, se trata de un tipo de autoridad completamente diferente a la irracional, que se basa en motivos distintos y tiene funciones y consecuencias distintas.

En la autoridad también se puede diferenciar entre autoridad manifiesta y anónima; una distinción importante que no debe pasarse por alto. Es *autoridad manifiesta* cuando el padre le dice al hijo: «No hagas eso o ya sabes lo que pasará». En cambio, es *autoridad anónima* cuando la madre le dice al chico: «Estoy segura de que no quieres hacer eso». Por el tono de voz, el chico sabe perfectamente lo que su madre quiere que haga y lo que no. Ha visto muchas veces sus reacciones de tristeza, de depresión, de ansiedad y de Dios sabe qué, y es consciente de que, si no hiciera lo que ella le indica con sutileza, habría consecuencias peores para él que una buena zurra. En el primer caso, la autoridad es explícita y contundente. En el segundo, es anónima, se plantea en términos de tolerancia y permisividad, y, sin embargo, cualquiera que entienda el juego sabe lo que le espera. Yo diría que se prefiere la autoridad manifiesta porque uno puede enfrentarse a ella, que es lo que hicieron muchas personas en el siglo XIX. El individuo puede desarrollar su carácter a través de la confrontación. Puede convertirse en una persona al oponerse a la autoridad manifiesta. La autoridad anónima, en cambio, es prácticamente «inexpugnable», si me permiten decirlo así, y actúa mediante la emboscada. No sabes quién quiere qué. Las reglas del juego no se revelan abiertamente; las intuyes, pero no hay nada a lo que agarrarse.

Los siglos XIX y XX se diferencian precisamente por el tipo de autoridad: en el primero se presenta la autoridad manifiesta; en el segundo, la anónima. Pero ¿cuál es la autoridad anónima del siglo XX? Es el mercado, la opinión pública, el sentir general, el hacer lo que todo el mundo hace, el deseo de no ser diferente del otro y el miedo a ser sorprendido a tres metros del rebaño. Todo el mundo vive bajo la ilusión de que actúa por su propia voluntad, cuando es sabido que no hay nada sobre lo que el individuo tenga tan falsas ideas como sobre sí mismo.

LA EXPLOTACIÓN HOY EN DÍA

Nos enorgullecemos con razón de que nuestra actitud hacia la explotación haya cambiado de manera radical. Nadie puede negar que, en las grandes democracias occidentales, la explotación tal como se practicaba en el siglo XIX prácticamente ya no existe, no solo dentro de nuestro país y de las demás naciones occidentales, sino también en nuestra relación con los pueblos coloniales que fueron objeto de una explotación horrenda hace cien años. Esa cruda explotación material de las personas, esa forma de servirse de otros seres humanos para exprimirlos en nuestro propio beneficio, quizá no haya desaparecido todavía en su totalidad, pero ha disminuido hasta tal punto que es muy probable que desaparezca por completo en las generaciones siguientes. Sin embargo, en el siglo XX se ha generado un fenómeno diferente. Hoy en día, todo el mundo se explota a sí mismo. Toda persona se utiliza a sí misma para satisfacer fines ajenos. Solo hay un objetivo omnipotente, la *producción de cosas*, y no tiene nada que ver con los objetivos de los que nos vanagloriamos de boquilla: el pleno desarrollo de la personalidad, el nacimiento completo del ser humano, el pleno desenvolvimiento de la persona.

En ese proceso en el que, en última instancia, solo nos preocupa la producción de cosas, la transformación de los medios en fines, nosotros mismos nos convertimos en cosas. Fabricamos máquinas que se comportan como humanos y producimos seres humanos que actúan cada vez más como máquinas. El peligro del siglo XIX podría haber sido que los individuos acabaran siendo esclavos. El peligro del siglo XX es que nos convirtamos en robots o en autómatas. Es verdad que hoy ahorramos tiempo, pero nos avergüenza reconocer que no sabemos qué hacer con el tiempo sobrante y que, en el mejor de los casos, tan solo matamos el rato. Imaginen lo que sucedería en Estados Unidos si se implantara la semana laboral de tres días. Estoy seguro de que no tendríamos hospitales suficientes para atender los colapsos mentales que sufriría la mayoría de la gente al disponer de tanto tiempo libre y no saber qué hacer con él. Adoramos las cosas, el producto de nuestras manos, y nos rendimos ante ellas. Cuando en el colegio, en la catequesis o en la misa dominical se nos habla de idolatría, pensamos quizá en Baal y en otros ídolos cananeos, pero creemos que, por ser buenos cristianos, judíos, musulmanes o lo que sea, hace tiempo que hemos superado la idolatría. Sin embargo, solo hemos cambiado el objeto de adoración. Nuestra veneración de las cosas, de los productos salidos de nuestras manos, es exactamente la misma idolatría de la que hablaban los profetas, y nuestros dioses, como los ídolos sobre los que nos advertían los profetas, tienen ojos y no pueden ver, tienen manos y no pueden tocar.

Ahora bien, el ser humano no es una cosa, y cuando se cosifica cae enfermo, aunque no sea consciente de ello. En realidad se trata de una enfermedad bien conocida por los franceses desde el siglo XVIII y, de hecho, para nombrarla solo tenemos palabras que vienen del francés: *ennui, malaise, la maladie du siècle* ('la enfermedad del siglo', expresión acuñada en el siglo XIX). Nosotros llamamos a esta enfermedad *tedio*, que podría definirse como la sensación o apercibimiento de que la vida no tiene sentido, de que vivimos sin alegría en medio de la abundancia, de que la vida se nos escapa como la arena entre los dedos, porque no sabemos adónde vamos y estamos confundidos y muy desconcertados. Los franceses tienen desde hace tiempo una palabra para esto, pero nosotros no teníamos ninguna; hace relativamente poco que disponemos de un término para designar esa enfermedad, y es *neurosis*.

Pocas personas acuden al médico, diciendo: «Doctor, siento que mi vida no tiene sentido. Sufro un tedio insoportable». No es precisamente algo que pueda decirse o pensarse hoy en día. En realidad, deberíamos tener presente que cada cultura tiene su propia concepción de la enfermedad. Butler lo expresó de una forma maravillosa en su novela *Erewhon*. En ese país ficticio, quien tiene un resfriado debe decir que está deprimido. En el nuestro, si estás deprimido debes decir que te has resfriado. Nos han metido en la cabeza que solo a ciertos fenómenos se los puede llamar enfermedad, así es que las personas no dicen que padecen aburrimiento o falta de sentido, sino que sufren por falta de sueño, por su incapacidad para amar a la mujer, al marido o a los hijos, por su afición a la bebida, por su falta de satisfacción en el trabajo..., en definitiva, por cualquier circunstancia que esté admitida y aceptada como enfermedad en nuestra sociedad. Sin embargo, el insomnio, la dipsomanía y el malestar profesional no son más que diferentes aspectos de la *maladie*, de la enfermedad del siglo, es decir, de la falta de sentido vital que se experimenta con la cosificación.

La desigualdad

Volvamos ahora la vista hacia el tercer vicio del siglo XIX y hacia su historia. Seguro que no pasarán muchas generaciones antes de que la discriminación racial quede completamente abolida en Estados Unidos. Es cierto que hemos eliminado la discriminación de género (a menos que se quiera creer que ahora existe una nueva desigualdad en el otro lado) y no cabe duda de que, hoy en día, ninguna mujer aguantaría de su marido lo que se toleraba hace cien años. Asimismo, ningún capataz se atrevería a hablar a sus trabajadores y trabajadoras de la manera que se consideraba natural hace cien años. La desigualdad en ese sentido ha quedado más o menos eliminada, así que nos sentimos orgullosos por tener plena igualdad.

Sin embargo, nuestra concepción de la igualdad presenta un error capital. El concepto de igualdad se desarrolló en la filosofía de la Ilustración como defensa frente al Estado absolutista, y supone, según Kant, que todos los seres humanos son iguales entre sí, en el sentido de que ninguno puede convertirse en un medio para los fines de otro, que todo individuo es un fin en sí mismo y nunca un medio, y que, por tanto, ninguno tiene derecho a convertir a otro en un medio para la consecución de sus propios fines. Esto es lo que significaba la igualdad en la época de la Ilustración. Hoy en día, la igualdad suele entenderse como uniformidad: ser igual significa ser lo mismo. Se puede ir más allá y argumentar que, para ser igual a los demás, hay que ser idéntico a ellos; si no lo eres, no eres igual.

De hecho, actualmente nos encontramos con que la gente prefiere adaptarse *voluntariamente* a los demás antes que verse *obligada* a hacerlo, como creo que ya apuntó el doctor Griswold hace unos meses. Una de las mayores virtudes de Estados Unidos es, justamente, que deja un amplio margen de maniobra a los inconformistas. Tal vez no lleguen a los puestos más altos en ninguna actividad profesional, pero aun así les queda mucho margen de acción. No corren el riesgo de ser encarcelados ni de morir de hambre. La tendencia al conformismo es hoy mucho mayor de lo que puede explicarse por las condiciones sociales. El individuo ya no percibe sus convicciones y sentimientos como algo puramente personal y, por tanto, el único sentido de identidad que tiene es el de ser como los demás. Si no se adapta, se siente amenazado por una terrible soledad y corre el peligro de verse expulsado del grupo.

La mezquindad

Ahora vamos a ocuparnos del cuarto vicio del siglo xix: la mezquindad. Si el acaparamiento y el ahorro, que todavía eran grandes virtudes para nuestros abuelos, pudieran imponerse en la actualidad, nuestra economía se hundiría. Por supuesto, economizar sigue estando bien, siempre y cuando uno pueda gastar lo suficiente en su manutención. *The New Yorker* lo expresó muy bien en una viñeta que publicó hace unos meses. Un hombre mira y remira un nuevo modelo de automóvil, pero solo le encuentra defectos. «Bueno, si no te gusta —le dice un amigo—, no pasa nada. Pero, si todos los habitantes del país opinaran como tú, ¿qué sería de nuestra economía?» El individuo de hoy tiene que *gastar* y *consumir*, comprar y consumir una y mil veces. El consumo es actualmente una virtud tan grande como lo eran el ahorro y la acumulación hace cien años.

Somos consumidores perpetuos. Consumimos tabaco, alcohol, conferencias, libros, películas, personas... Incluso cuando hablamos del amor que un niño necesita recibir de sus padres, lo hacemos como si se tratara de una nueva leche maternizada. Somos consumidores pasivos, vivimos en medio de una inmensa riqueza y somos como el eterno lactante que reclama continuamente el biberón; consumimos, nos mantenemos a la espera y estamos siempre decepcionados porque no somos productivos. Somos capaces de producir cosas, pero no somos nada productivos en nuestra relación con los demás, ni en nuestra relación con las cosas.

MI CASA ES MI CASTILLO

Pasemos al quinto vicio del siglo XIX, la actitud de «mi casa es mi castillo». Hace unos años se publicó un reportaje en *Fortune* sobre una urbanización residencial de las afueras de Chicago. Una señora que vivía en una de las nuevas viviendas declaró: «Me gusta que las paredes de la casa sean tan delgadas. Así no me siento sola cuando mi marido está fuera porque siempre puedo oír lo que hacen los vecinos». Esta actitud ya no tiene nada que ver con la de «mi casa es mi castillo». Hoy lo que se plantea es la incapacidad para estar solo, la imposibilidad de disfrutar de la vida privada, la necesidad de estar siempre juntos. Se llama a esto colaboración, trabajo en equipo o de cualquier otro modo, pero siempre consiste en la incapacidad de estar a solas con uno mismo, en la incapacidad de soportar la intimidad, tanto la propia como la del vecino. Eso es justo lo contrario del individualismo y el egocentrismo que exhibían las clases medias y altas del siglo XIX.

Lo que estoy diciendo es que el panorama ha cambiado: actualmente han desaparecido casi todos los vicios del siglo XIX y han sido sustituidos por vicios propios de nuestro siglo. No tiene sentido preguntarse cuáles son peores; lo que importa es reconocer *nuestros* problemas morales y no dormirnos en los laureles y volver a librar las mismas batallas que antes. Si seguimos estando centrados en los problemas morales de nuestros padres, acabaremos descuidando los nuestros y entonces iremos por mal camino. Los problemas a los que nos enfrentamos hoy son tan graves como los que se planteaban hace cien años.

NUESTRA TAREA EN LA ACTUALIDAD

Quisiera apuntar algunas cosas sobre la tarea a la que estamos abocados hoy en día, temas sobre los que he reflexionado pero que solo puedo exponer a grandes rasgos.

Una primera y muy relevante tarea será la de reconocer y superar una actitud que se ha desarrollado cada vez más desde el siglo XVII: la diferenciación del intelecto y el afecto, la separación del pensamiento con respecto al sentimiento. Desde Des-

cartes, los representantes del racionalismo moderno han calificado repetidamente la parte afectiva del hombre como irracional
o no racional, de modo que solo el intelecto y el pensamiento
serían racionales. Este racionalismo se muestra quizá de una forma más clara en el propio Freud, ya que, desde su punto de
vista, el amor es siempre irracional, tanto si se trata de amor
fraterno como de amor erótico. Lo racional es el intelecto y la
razón, y, de hecho, contrariamente a lo que sostienen muchas
interpretaciones erróneas de la obra de Freud, el principio básico del movimiento que él impulsó en todo el mundo es el control y dominio del sentimiento por medio de la razón. Este es un
principio que viene de la Ilustración y del puritanismo, dos tradiciones a las que pertenecía Freud (y no así al famoso decaden-
tismo vienés, como algunos pretenden).

Por supuesto, hubo también pensadores que no aceptaron la
separación entre razón y sentimiento. Basta recordar la conocida
frase de Pascal: «El corazón tiene razones que la razón ignora». Es
decir, nuestros afectos pueden ser tan racionales, tan acordes con
la razón como nuestros pensamientos. El sentimiento tiene su
propia racionalidad, su propia lógica, y eso, en mi opinión, es porque está en consonancia con la realidad de la naturaleza humana.

Spinoza fue otro de los grandes pensadores que no suscribie-
ron esa diferenciación. Según él, existen dos tipos de afectos, los
pasivos y los activos. Los afectos pasivos son lo que hoy podríamos llamar *afectos irracionales*, como, por ejemplo, la envidia y el
odio (curiosamente, consideraba la compasión como un afecto
irracional). Para Spinoza, somos esclavos y no dueños de nuestros
afectos pasivos. Sin embargo, los afectos pasivos se ven contra-
rrestados por los activos, a los que Spinoza llamaba *acciones*, término que para él tiene un sentido muy diferente al que le damos
hoy en día. De estos afectos activos sí que somos dueños; unos

afectos que están de acuerdo con el modelo de la naturaleza humana, que tienen lugar en el proceso de crecimiento de nuestra vitalidad y que nos permiten experimentar la alegría. En la teoría spinozista encontramos tres afectos activos que están expresados de una forma similar en el pensamiento budista: el primero sería una combinación de fortaleza y generosidad; el segundo, la fuerza de voluntad, y el tercero, el amor al prójimo.

Pascal y Spinoza fueron dos pensadores que se salieron de la norma, pero hubo algunos más, especialmente entre los románticos del siglo XIX. No caen en una sobrevaloración del intelecto. Al contrario, para ellos todo lo que no es intelectual es bueno. (Creo que aquí reside una de las diferencias esenciales entre Freud y Jung. Freud era racionalista por naturaleza: para él todo lo que no era intelectual pertenecía al ámbito de lo irracional. Jung, en cambio, era romántico por naturaleza: para él, todo lo que no era intelectual era bueno y sabio, y esto desempeña un papel particularmente relevante en su concepción del inconsciente.)

¿Por qué el entendimiento se ha convertido en algo tan elevado? ¿Por qué, en los últimos tres o cuatro siglos, se ha puesto cada vez más énfasis en el intelecto en lugar de en la racionalidad e intensidad de las pasiones? No disponemos de espacio para abordar esta cuestión con detalle, pero podemos apuntar al menos que este cambio tiene mucho que ver con nuestro modo de producción, con la creciente valoración de la tecnología y con la necesidad de desarrollar nuestro intelecto en aras de la ciencia y la ciencia en aras de la tecnología. No podemos establecer una separación total entre la sociedad, cuyo objetivo primordial es la producción, y el desarrollo humano, en donde el intelecto se presenta como el valor más elevado. Pero, si queremos resolver el problema ético del presente, tendremos que esforzarnos de verdad en superar la diferente consideración del sentimiento y el intelecto. Debemos redescubrir al ser humano en su totalidad o, como a mí me gusta decir, redescubrir al verdadero ser humano. No somos criaturas divididas en mente y cuerpo. Cada persona es diferente; mi corazón y mis sentimientos pueden ser tan racionales como mi pensamiento, y mis pensamientos pueden ser tan irracionales como mi corazón. Pero no puedo hablar de mi corazón y de mi pensamiento como entidades independientes porque en realidad son solo dos aspectos de un mismo fenómeno. Hay una sola lógica, una sola racionalidad y una sola irracionalidad que los impregnan a ambos. Tanto las enfermedades psicosomáticas como las manifestaciones de histeria colectiva responden a lo mismo. El pensamiento puede verse anquilosado o iluminado por el sentimiento, y lo mismo sucede a la inversa. Lo importante es ser conscientes de ello, porque la mayoría no lo somos. Nos avergüenza el mero hecho de tener sentimientos.

A veces, en el análisis se puede ver como un individuo está inicialmente convencido de que es feliz. Quiere a su mujer y a sus hijos y se siente dichoso. Si se profundiza un poco más, resulta que se gana bien la vida, que tiene éxito y está bien considerado en el trabajo; por lo tanto, asume que necesariamente ha de sentirse feliz. Así que su sentimiento de felicidad es en realidad una simple suposición. En ese momento podemos ir más allá y decirle al analizado: «He observado su rostro durante varias sesiones y tengo la impresión de que está usted abatido, profundamente deprimido. ¿A qué se debe?». Entonces nos encontramos con que esta persona, que dice no haber llorado nunca en los últimos veinte años, de repente recuerda algo de su infancia, algo que siempre estuvo vivo en ella, y llora como una Magdalena. Es decir que, para protegerse de la tristeza, se había blindado contra ella valiéndose de una imagen ilusoria de dicho sentimiento, que no era más que una creación intelectual.

Una segunda tarea que nos plantea el problema moral de nuestra época es que debemos dejar de ser consumidores y receptores para convertirnos en *creadores*. ¿Qué es lo que considero creativo? No se trata de pintar cuadros, escribir poesía o componer canciones. Me refiero a la creatividad como actitud, como rasgo del carácter si se quiere, como actitud hacia las personas y hacia el mundo en general. Por ejemplo, puedo leer un libro y, una vez terminado, haber entendido lo que el autor quería decir y ya está. Luego, si quiero, también puedo hablar de él. Aquí estamos ante una mera recepción, ante una lectura que se hace a la manera de un consumidor. Sin embargo, también puedo leer un libro —siempre que se trate de uno bueno, claro está— de manera que no solo reciba lo que el autor pretende transmitir, sino que algo cobre vida en mi interior, que me despierte nuevas ideas; en este caso, reacciono al libro y soy una persona distinta después de haberlo leído. Si sigo siendo el mismo después de haberlo leído es que el libro no era bueno, o bien que yo no soy bueno, lo que significa que me he limitado a ser un mero consumidor.

Permítanme aclarar un poco todo esto. A mi juicio, la creatividad es simplemente la actitud que nos hace ser conscientes del mundo y reaccionar frente a él. Muchos pensarán que eso es lo que hacemos en todo momento: experimentar las cosas conscientemente y reaccionar ante ellas. Sin embargo, yo creo que no somos conscientes de las cosas o, mejor dicho, que solo lo somos de una forma muy limitada. Vamos a explicarlo con algunos ejemplos. Si miro una rosa, digo que se trata de una rosa. Pero, en realidad, estoy mirando un objeto, y sé que este objeto debe ser clasificado como rosa: se llama *rosa* porque pertenece a la categoría de «rosa», y por eso digo que veo una rosa. Pero lo que estoy viendo no es aquello que Gertrude Stein expresó como «Una rosa es una rosa es una rosa». No veo realmente la rosa. Solo digo que «es una rosa» y así demuestro que soy capaz de hablar, de reconocer un objeto y de clasificarlo correctamente con la palabra adecuada.

Si veo una montaña, ¿qué es lo primero que querré saber? Su nombre, claro está. Lo segundo será seguramente la altitud. Y después lo guardo todo en el archivo de la memoria. Conozco el nombre, conozco la altitud y lo archivo todo, a pesar de que el nombre y la altitud no tienen ninguna relación con el hecho de ver la montaña. Puede que quiera sacarle una foto. Entonces miro a través de la cámara y el aparato se enfoca en la montaña, pero yo no la estoy contemplando, ni mucho menos. Al llegar a casa puedo enseñarles la imagen a mis hijos, y si dijera que he visto la montaña estaría mintiendo porque en realidad no la he contemplado.

De la misma manera, cuando veo por primera vez a alguien, le pregunto quién es. La persona me dirá cómo se llama, como si el nombre revelara su identidad. Si eso no me basta y pido más información, me dirá que es médico (o lo que sea), que está casado y tiene dos hijos. Si aun así sigo diciendo que no sé quién es, pensará que soy un poco raro o que me estoy burlando de él. Por lo general nos acercamos a las personas de la misma manera que a una montaña. Las clasificamos en términos abstractos e intelectuales, pero no las vemos de verdad. A muchas personas les ha pasado alguna vez que han contemplado a alguien a quien conocían muy bien —su pareja, su hijo, un buen amigo— como si lo vieran por primera vez, como si de repente ese individuo les pareciera más auténtico que nunca, como si se hubiera retirado un velo y entonces vieran «realmente» a la persona. Cuando nos relacionamos con los objetos, con la naturaleza y con las personas mismas, lo hacemos principalmente de manera abstracta, clasificándolos en categorías, aunque creamos estar percibiéndolos por los sentidos.

Veamos ahora algunos ejemplos de la actitud contraria. Una pintora que estaba psicoanalizándose conmigo vino un día toda emocionada a la consulta y me dijo: «Hoy he tenido una experiencia maravillosa. Estaba desgranando guisantes en la cocina y he visto por primera vez que los guisantes ruedan». Todos sabemos, aunque no lo hayamos visto, que los guisantes ruedan, tal y como hace cualquier objeto redondo sobre una superficie inclinada y relativamente lisa. Es muy diferente *saber* que los guisantes ruedan y *verlo*; encontrar nuestro conocimiento confirmado y verlo con nuestros propios ojos. Pensemos, por ejemplo, en un chiquillo que juega con un balón. Si le da una patada, el balón sale rodando, y puede repetir esa acción cien veces porque contempla de verdad cómo el balón rueda. No hace como la mayoría de nosotros, que nos limitamos a registrar lo que ya sabemos. Nos aburrimos en cuanto vemos rodar el balón dos o tres veces porque ya sabemos que es un objeto que rueda y no nos interesa verlo rodar. Pero el niño sí que lo *ve* y por eso no se aburre. Esta es, por supuesto, la forma en que experimenta las cosas el artista creativo. Cuando contempla un árbol, una flor, un paisaje, etc., lo que le interesa es la belleza del objeto contemplado. No le interesa saber el nombre del árbol; lo que le importa es experimentar el árbol en toda su extensión, percibir la esencia del árbol; en definitiva, *verlo*. Eso es todo.

El artista tiene la habilidad técnica necesaria para plasmar su visión del árbol en un lienzo. No obstante, quienes no somos artistas y no disponemos de esa habilidad pictórica somos también capaces de ver el árbol como lo hace un artista o como el niño ve la pelota que rueda. Cuando vemos a alguien como persona —y aquí me refiero a las relaciones humanas y no a la relación del individuo con la naturaleza—, cuando lo vemos de verdad, estaremos en disposición de decir: «Este eres tú» (que, al fin y al cabo, es lo único que puede decirse del otro), o lo que es lo mismo: «Te estoy viendo». Aquí no recurrimos ya a la clasificación en abstracto y, además, renunciamos a la estúpida idea de que uno conoce a una persona cuando conoce su pasado. En el análisis acostumbro a preguntar a mis pacientes: «Bueno, ¿y qué le viene a la mente sobre mí?». En caso de que me diga que no se le ocurre nada porque a fin de cuentas no me conoce, yo le contesto: «Si después de haberme visto durante veinte sesiones no me conoce, tampoco me conocerá mejor dentro de dos años, porque todo lo que puede saber de mí está aquí, delante de sus ojos. Lo que sucede es que a usted le da miedo conocerme». Y entonces el paciente dirá, como hace la inmensa mayoría de la gente: «No sé nada de su vida», como si eso importara. Quien observa bien a una persona ya la conoce.

Para no proyectar en el otro nuestras preferencias o aversiones es preciso algo de práctica, una cierta sensibilidad y una buena dosis de objetividad, además de mucha capacidad de concentración; pero como hoy en día andamos tan ajetreados, queriendo hacer de todo y todo a la vez, somos una de las generaciones más desconcentradas que han existido sobre la tierra. Escuchamos la radio mientras leemos el periódico, al tiempo que hablamos con nuestra pareja y hacemos varias cosas más, y, en realidad, somos incapaces de concentrarnos en nada ni en nadie.

Podría abordar el tema desde muchos otros ángulos, pero quisiera terminar haciendo hincapié en un punto. Para poder hacer frente a los problemas morales de nuestra época, debemos tratar los medios como medios y los fines como fines, y no confundir los unos con los otros. Debemos decidir si estamos dispuestos a tomarnos en serio la tradición religiosa y humanista según la cual el individuo es el fin de todo. Si no queremos hacerlo, es mejor admitirlo desde ya. En el siglo XIX, Emerson afirmó en una ocasión que «las cosas se han hecho con el poder». Es asombroso que percibiera algo así hace tanto tiempo. Hoy vemos que las cosas dominan al individuo. Nuestra tarea consiste en volver a dar prioridad al ser humano.

EGOÍSMO Y AMOR PROPIO

La cultura moderna condena el egoísmo. Se nos dice que ser egoísta es pecado, y amar a los demás, una virtud. Esta doctrina no solo está en flagrante contradicción con las prácticas de la sociedad actual, sino que también se opone a otro conjunto de doctrinas que propugnan que el impulso más poderoso y legítimo del hombre es el egoísmo y que quienes ceden a tal impulso están haciendo también lo mejor para el bien común. La existencia de este último tipo de ideología no afecta a la relevancia de las doctrinas que declaran que el egoísmo es el sumun del mal, y la caridad, la virtud por excelencia. El egoísmo se presenta en estas ideologías casi como sinónimo de amor propio. Por lo tanto, nos vemos abocados a elegir: o bien amamos al prójimo, que es una virtud, o bien nos amamos a nosotros mismos, lo cual sería un pecado.

La expresión más relevante de ese principio se encuentra en la teología calvinista, según la cual el hombre es malo por naturaleza e incapaz de hacer el bien. No puede hacer nada bueno por sí mismo o en virtud de sus méritos. Como afirma Calvino en su *Institución de la religión cristiana*:

No somos nuestros, luego ni nuestra razón ni nuestra voluntad deben presidir nuestras resoluciones ni nuestros actos. No
somos nuestros, luego no nos propongamos como fin buscar lo
que le conviene a la carne. No somos nuestros, luego olvidémonos
en lo posible de nosotros mismos y de todas nuestras cosas. Somos, por el contrario, del Señor, luego vivamos y muramos por y
para Él. [...] Porque la peste más perjudicial y que más arruina a
los hombres es la complacencia en sí mismos [...] y, en consecuencia, el único puerto de salvación, el único remedio es que el hombre no sepa cosa alguna ni quiera nada por sí mismo, sino que siga
solamente al Señor, que va mostrándole el camino (Calvino, 1928,
libro III, cap. 7, § 1, pág. 619).*

El hombre no solo debe estar convencido de su absoluta insignificancia, sino que debe hacer todo lo posible por rebajarse.

Porque yo no juzgo que haya humildad si pensamos que aún
queda algo en nosotros. [...] Y no podemos tener una opinión
correcta de nosotros mismos sin echar por tierra todo lo que nos
parece digno de elogio. [...] La humildad que aquí se exige no es
una cierta modestia, [sino] un abatimiento sin ficción, que procede de un corazón poseído del verdadero sentimiento de su miseria y pobreza. Porque la humildad siempre se presenta de esta
manera en la Palabra de Dios (*ibid.*, cap. 12, § 6, pág. 681).

Este énfasis en la insignificancia y la maldad del hombre implica que no hay nada que pueda satisfacerle de sí, idea que tiene
su fundamento en el desprecio y el odio a uno mismo. Calvino lo

* Traducción adaptada de Juan Calvino, *Institución de la religión cristiana*, trad. de Cipriano Valera, Barcelona, Fundación Editorial de Literatura
Reformada, 5.ª ed., 1999, págs. 527 y sigs. (*N. de la t.*)

expresa con toda claridad: nadie se ve libre de la «peste del amor de sí mismo», que está naturalmente arraigado en todos nosotros (1928, cap. 7, § 4, pág. 622).

Si el individuo descubre en sí algo «a través de lo cual se deleita», estará dando muestras de su pecaminoso amor propio. El afecto por sí mismo le hará juzgar y despreciar a los demás. Por lo tanto, quererse a uno mismo, apreciarse por encima de todo, es para Calvino uno de los mayores pecados, pues excluye el amor al prójimo y no es más que egoísmo. Con todo, el amor a nuestros semejantes, importantísimo en el Nuevo Testamento, no tiene la relevancia debida en la teología calvinista. Contradiciendo las enseñanzas neotestamentarias, Calvino afirma que, «en cuanto a lo que enseñan los escolásticos, que la caridad precede a la fe y a la esperanza, no es más que un puro despropósito, puesto que únicamente la fe engendra primeramente en nosotros la caridad» (*ibid.*, cap. 2, § 41, pág. 531). Lutero defiende la libertad del individuo, pero su teología, aunque no coincida con la de Calvino, está igualmente determinada por la creencia en la insignificancia e impotencia del ser humano frente a la omnipotencia divina.

Existen muchas diferencias entre la teología calvinista y la filosofía de Kant, pero, en lo que hace al amor propio, la actitud subyacente es más o menos la misma. Para Kant, buscar la felicidad de los demás es una virtud, mientras que buscar la felicidad de uno mismo es algo «irrelevante» desde el punto de vista ético, porque el hombre trata de alcanzarla por naturaleza, y una inclinación natural no puede tener valor ético (véase Kant, 1909, esp. parte I, libro I, cap. I, § VIII, observación II, pág. 126). Según Kant, el hombre no debe renunciar a su derecho a la felicidad; en determinadas circunstancias, la búsqueda de la felicidad podría incluso convertirse en un deber, en parte, porque la salud, la riqueza y algunas otras cosas pueden ser medios indispensables para el cumplimiento de nuestros deberes y, en parte, porque la falta de felicidad —esto es, la miseria— puede impedir que alguien cumpla con su deber (*ibid.*, esp. parte I, libro I, cap. III, pág. 186). Con todo, el amor a sí mismo, la búsqueda de la propia felicidad, no puede ser nunca una virtud. Como principio ético, la búsqueda de la propia felicidad es «lo más reprobable, no solo porque no contribuye en absoluto a fundamentar la moralidad [...], sino porque reduce la moralidad a resortes que más bien la derriban y aniquilan su elevación» (*ibid.*, en particular *Fundamental Principles of the Metaphysics of Morals*, sección 2, pág. 61).

En lo que hace al egoísmo, Kant distingue entre el amor propio —una benevolencia hacia uno mismo que no tiene límite (*philautia*)— y la satisfacción excesiva con uno mismo (*arrogantia*). Para él, el «amor propio racional» debe estar igualmente restringido por principios éticos, la *arrogantia* debe ser eliminada y el individuo ha de sentirse inferior frente a las sacrosantas leyes morales (*ibid.*, en particular, parte I, libro I, cap. III, pág. 165). El ser humano debe encontrar la mayor felicidad en el cumplimiento de su deber. La realización de este principio moral —y, por consiguiente, la felicidad de la persona— solo es posible en el conjunto general, sea la nación o el Estado. Sin embargo, «el bienestar público (*salus rei publicae suprema lex est*) no puede identificarse con el bienestar de los ciudadanos ni con su felicidad».

A pesar de que Kant respeta mucho más la integridad del individuo que Calvino o Lutero, niega al hombre el derecho a rebelarse incluso cuando es gobernado por un tirano, y si atenta contra él, debe ser castigado con la muerte (véase Kant, 1907, pág. 126). Insiste en que el hombre es malo por naturaleza (Kant, 1934, esp. libro I); para que no se convierta en una bestia y la sociedad en pura anarquía, hay que acabar con la maldad natural del ser humano, cosa que solo puede hacerse aplicando la ley moral, es decir, aplicando el imperativo categórico.

Al hablar de Calvino y Kant se ha destacado su énfasis en la impotencia sustancial del ser humano. Sin embargo, como ya hemos indicado, ambos hacen hincapié en la autonomía y la dignidad del individuo, y esta contradicción atraviesa todas sus obras. Otros filósofos de la Ilustración —Helvecio, por ejemplo— destacan el derecho del individuo a la felicidad con mucha más fuerza que Kant. En la filosofía moderna, Stirner y Nietzsche son los defensores más radicales de este derecho. Aunque no coinciden con Kant y Calvino en su evaluación del egoísmo, sí que comparten una premisa fundamental: que el amor al prójimo y el amor a sí mismo deben considerarse como opciones enfrentadas. Pero, al contrario que ellos, ven en el amor fraterno una expresión de debilidad y abnegación, y presentan el egoísmo, el interés personal y el amor propio como virtudes (aunque también embrollan el asunto al no diferenciar bien estos términos). Como escribe Stirner:

> Los que han de decidir son el egoísmo y el interés personal, no el principio del amor ni las razones sentimentales como la caridad, la indulgencia y la benevolencia. Ni siquiera la equidad y la justicia (porque la justicia es también un fenómeno de amor, un producto del amor); el amor no conoce más que el sacrificio y exige la abnegación (Stirner, 1912, pág. 339).*

El amor que critica Stirner es esa dependencia masoquista por la que el individuo se convierte en el medio para conseguir un fin, sea propio o ajeno. Al rechazar ese concepto de amor, Stirner

---

* La traducción de este fragmento pertenece a Pedro González Blanco (Max Stirner, *El único y su propiedad*, Madrid, Sexto Piso, 2014. *(N. de la t.)*

no puede evitar caer en la defensa de un egoísmo sin cortapisas. Plantea, por tanto, una defensa muy polémica y a todas luces excesiva del inmoderado amor a sí mismo. El amor positivo al que hace referencia iba en contra de la actitud adoptada durante siglos por la teología cristiana y que se impuso también en el idealismo alemán, a saber, la idea de que el individuo debía someterse a un poder o principio externo y encontrar allí su centro. En una de sus formulaciones más positivas declara: «¿Pero cómo gozar de [la vida]? Usándola, así como se quema la vela que ilumina, así usa uno de la vida y de sí mismo, consumiéndola y consumiéndose» (Stirner, 1912, pág. 426). Engels reconoció la estrechez de miras de Stirner y trató de superar la falsa alternativa entre el amor a sí mismo y el amor a los demás. En una carta a Karl Marx en la que habla del libro de Stirner, Engels escribe:

> Sin embargo, si el individuo de carne y hueso es la verdadera base de nuestro «ser humano», entonces no hace falta decir que el egoísmo —por supuesto, no solo el egoísmo intelectual de Stirner, sino también el egoísmo del corazón— es el punto de partida de nuestro amor por los seres humanos (carta del 19 de noviembre de 1844, en Marx, *MEGA*, III, 1, pág. 7).

Stirner no era un filósofo de la talla de Kant o Hegel, pero tuvo el valor de rebelarse contra esa vertiente del idealismo que negaba al individuo concreto y ayudaba así al Estado absolutista a conservar su poder opresivo sobre las personas.

A pesar de las divergencias existentes entre ellos, las concepciones de Nietzsche y Stirner son en este sentido bastante similares. Para Nietzsche, el amor y el altruismo son también una expresión de debilidad y abnegación. Considera que el deseo de amor es algo típico de esclavos, quienes, al no ser capaces de luchar por lo que desean, tratan de conseguirlo por medio del «amor». El altruismo y el amor al prójimo son, pues, un signo de degeneración (véase Nietzsche, 1911, en especial los aforismos 246, 326, 369, 373 y 728). Para él, la aristocracia buena y sana es la que está dispuesta a sacrificar a innumerables personas en aras de sus intereses sin experimentar el menor sentimiento de culpa. A la sociedad no le es lícito existir para sí misma, sino «como una infraestructura y un andamiaje sobre los cuales una clase selecta de seres pueda elevarse hacia su tarea superior y, en general, hacia una existencia superior» (Nietzsche, 1907, aforismo 258, pág. 225). Se podrían mencionar muchos otros pasajes que muestran el profundo desprecio de Nietzsche por el ser humano, así como su brutal egoísmo. Tales afirmaciones se han considerado a menudo como la verdadera filosofía de Nietzsche. Pero ¿es realmente así? ¿Es este el «verdadero» Nietzsche?

Responder a esta pregunta requeriría un análisis detallado de su obra que no puede intentarse aquí. Son varias las razones que llevaron a Nietzsche a expresarse de esa manera. En primer lugar, su filosofía, como la de Stirner, es una reacción —o, mejor dicho, una rebelión— contra la idea de que el individuo debe someterse a poderes y principios que están fuera de él. Su tendencia a la exageración estaría en consonancia con esa reacción filosófica. En segundo lugar, algunos rasgos de la personalidad de Nietzsche, como su tremenda inseguridad y su ansiedad, explicarían por qué tenía esos impulsos sádicos que le llevaban a expresarse de ese modo. Sin embargo, estas inclinaciones no me parece que constituyan la «esencia» de su personalidad, de la misma manera que las concepciones mencionadas tampoco constituyen la esencia de su filosofía. Por último, Nietzsche compartía algunas de las ideas naturalistas de su época, que fueron recogidas por la filosofía materialista-biologista. La fundamentación de los fenómenos psicológicos en el ámbito fisiológico y la doctrina de la «supervivencia del más fuerte» eran los principios básicos de esta filosofía.

Esta interpretación no cambia el hecho de que para Nietzschc el amor a los demás estaba en contradicción con el amor a sí mismo. Sin embargo, conviene subrayar que las concepciones de Nietzsche ya albergan en su interior la idea básica que permite superar esa falsa dicotomía. Porque el «amor» al que se opone Nietzsche no es el que se basa en la fuerza del individuo, sino en su debilidad. «Vuestro amor al prójimo es vuestro mal amor a vosotros mismos. Cuando huis hacia el prójimo huis de vosotros mismos, y quisierais hacer de eso una virtud; pero yo comprendo vuestro "desinterés".» Y añade: «No os soportáis a vosotros mismos y no os amáis lo suficiente» (Nietzsche, s. f., pág. 75). Para él, el individuo tiene «una inmensa importancia» (Nietzsche, 1910, aforismo 785). El hombre «distinguido» es el que tiene...

... la verdadera bondad, nobleza y grandeza de espíritu, aquel que no da para adquirir, que no busca el enaltecimiento por medio de la magnanimidad; la disipación puede ser vista como una expresión de la verdadera bondad, y la riqueza en la personalidad sería la condición previa (*ibid.*, aforismo 935).

Nietzsche expresa la misma idea en *Así habló Zaratustra*: «El uno va al prójimo porque se busca a sí mismo, y el otro porque quiere perderse» (Nietzsche, s. f., pág. 89).

Lo más relevante de esta visión es que el amor se considera un signo de abundancia. Su condición previa es la nobleza del individuo que puede dar. El amor es afirmación, «pues busca crear lo que se ama». (*op. cit.*, pág. 102). Amar a otra persona solo es una virtud si surge de esa fuerza interior; pero es un vicio si el individuo no puede ser él mismo (véanse Nietzsche, 1910, aforismo 820; 1911, aforismo 35; 1911a, aforismo 2; *Nachlaß*, págs. 63-64). Aun así, la relación entre el amor propio y el amor al prójimo fue siempre una antinomia irresoluble para Nietzsche, aunque analizando sus escritos se pueda deducir dónde podría haber encontrado la solución (véase a este respecto el ensayo de Horkheimer sobre el egoísmo en la historia moderna publicado en 1936).

La idea de que el egoísmo es el mal supremo y que el amor a sí mismo excluye el amor a los demás no se limita al ámbito teórico de la teología y la filosofía. De hecho, es una de las concepciones habituales que actualmente se difunden en el hogar, la escuela, la iglesia, el cine, la literatura y en otros medios de influencia social. El «no seas egoísta» se ha inculcado a millones de niños a lo largo de la historia. Resulta difícil explicar qué significa exactamente. En su fuero interno, la mayoría de los padres asocian este mandato con la idea de que no se debe ser egocéntrico ni desconsiderado, ni mostrar desinterés hacia los demás. En la realidad, sin embargo, suelen darle algo más de sentido. «No ser egoísta» implica no hacer aquello que uno desea y, asimismo, renunciar a los deseos propios en aras de la «autoridad», primero la de los padres y más tarde la de la sociedad. En definitiva, el mandato «no seas egoísta» tiene la misma ambigüedad que ya hemos observado en el calvinismo. Aparte de su implicación más obvia, significa que no debes amarte a ti mismo ni ser tú mismo, sino más bien someterte a algo más importante que tu persona, ya sea un poder externo o la interiorización de ese poder en forma de «deber». La frase «no seas egoísta» es una de las herramientas ideológicas más poderosas para suprimir la espontaneidad y el libre desarrollo de la personalidad. Al amparo de ese lema se exigen todo tipo de sacrificios, así como una sumisión absoluta; solo se consideran «desinteresadas» aquellas acciones que, en lugar de redundar en beneficio propio, benefician a alguien o algo ajeno al individuo.

La imagen que se ha ofrecido hasta ahora es, en cierto modo, unilateral, ya que en la sociedad moderna no solo se condena el egoísmo, sino que también se difunde la doctrina contraria, esto es, que, si el individuo se preocupa únicamente de su propio beneficio y actúa de la manera que más le convenga, está también actuando en beneficio de los demás. La idea de que la práctica del egoísmo individual favorece el bienestar común es, de hecho, el principio sobre el que se ha construido la sociedad capitalista. Resulta sorprendente que dos principios aparentemente contradictorios puedan coexistir en una misma cultura, pero es una realidad que no puede ponerse en duda. Una de las consecuencias de esta contradicción es la confusión que provoca en el individuo. Al verse sometido a doctrinas contrarias se produce un grave bloqueo en el proceso de integración de la personalidad, lo que a menudo conduce a la formación del carácter neurótico (véanse sobre todo Horney, 1937, y Lynd, 1939).

Esas dos visiones del egoísmo han sido muy importantes desde el punto de vista social. La consideración de que toda persona debe trabajar en pro de sí misma fue, por supuesto, un estímulo necesario para la iniciativa privada sobre la cual se ha construido la estructura económica moderna. La función que cumplía en la sociedad la doctrina contraria al egoísmo era de doble filo. A las grandes masas que vivían al límite de la supervivencia les era de gran ayuda a la hora de renunciar a deseos cuya satisfacción les estaba vedada en el sistema socioeconómico. Pero esa renuncia no debía ser percibida como una imposición, ya que en tal caso acabaría produciendo en el individuo un resentimiento y una resistencia más o menos conscientes contra la sociedad. Convirtiendo tal renuncia en una virtud moral se impedía en buena medida dicha reacción.

Si la función social que cumple el tabú del egoísmo es más que evidente, hay otro aspecto de este tabú que no resulta tan obvio: el de su efecto sobre la minoría privilegiada. Solo queda claro cuando consideramos el «egoísmo» en su sentido más amplio. Si «ser egoísta» fuera solamente sinónimo de preocupación por el beneficio personal, entonces el tabú del egoísmo habría sido sin duda un fuerte obstáculo para cualquier iniciativa económica de la clase empresarial. Pero, como ya se ha indicado, lo que en realidad implicaba, especialmente en las primeras etapas de la cultura anglosajona, era que el individuo no debía hacer lo que le apetecía, que no debía gastar dinero ni energía por placer, sino considerar que su único deber era trabajar, tener éxito y ser productivo.

Es mérito de Max Weber haber demostrado que eso que él denominaba *innerweltliche Askese* ('ascetismo intramundano') tuvo un papel fundamental en la creación de la actitud merced a la cual el individuo se consagra por entero al trabajo y al cumplimiento del deber (véase Weber, 1930). Los grandes logros económicos de la sociedad moderna nunca habrían sido posibles sin este tipo de ascetismo, en el que todas las energías del individuo se dirigen hacia el objetivo del ahorro y el trabajo duro. Está fuera del alcance de este trabajo analizar la estructura de carácter del individuo contemporáneo tal y como ha evolucionado desde el siglo XVI (véase a este respecto Fromm, 1941a, págs. 103-135). Solo quisiera señalar que los cambios económicos y sociales de los siglos XV y XVI destruyeron el sentimiento de seguridad y pertenencia que aún se mantenía en la sociedad medieval (a diferencia de la literatura psicoanalítica tradicional, que ha prestado muy poca atención a esta cuestión, Harry Stack Sullivan ha hecho especial hincapié en la necesidad de seguridad como fuerza impulsora elemental del ser humano).

Esos cambios alteraron por completo la posición social y económica de la burguesía urbana, del campesinado y de la nobleza (véanse Pascal, 1933; Kraus, 1930, y Tawney, 1926). Se extendió la pobreza y se tambaleó el estatus económico producto de la herencia, pero al mismo tiempo se presentaron nuevas posibilidades de éxito económico. Se rompieron los vínculos religiosos y espirituales que antes daban forma a un mundo ideal y seguro. El individuo estaba completamente solo en el mundo, ya no había paraíso para él, y su éxito o fracaso estaban determinados por las leyes del mercado; en las relaciones humanas se impuso el modelo de la competencia económica.

El resultado de todos esos cambios fue una nueva sensación de libertad, pero acompañada de una angustia *in crescendo*. Esta angustia hizo que el individuo volviera a estar dispuesto a someterse a las autoridades religiosas y seculares, e incluso con mayor fuerza que antes. El nuevo individualismo, por un lado, y el miedo y la sumisión a la autoridad, por otro, encontraron su expresión ideológica en el protestantismo y el calvinismo. Al mismo tiempo, estas doctrinas religiosas contribuyeron a fomentar y reforzar esa nueva actitud. Sin embargo, aún más importante que la sumisión a las autoridades externas fue que hubiese una autoridad interiorizada, que el hombre se convirtiese en esclavo de un amo que no se encontraba fuera, sino dentro de él. Este amo interno empujaba al individuo a trabajar sin descanso y a luchar por el éxito sin permitirle nunca ser él mismo ni pasarlo bien. Había un espíritu de desconfianza y hostilidad dirigido no solo contra el mundo exterior, sino también contra uno mismo.

El hombre moderno era egoísta en un doble sentido: se preocupaba muy poco por los demás y demasiado por su beneficio personal. Pero ¿realmente era este egoísmo una preocupación genuina por el individuo, por sus propias potencialidades intelectuales y sensoriales? ¿No se había convertido él mismo en un simple engranaje de la máquina económica, aunque a veces pareciera una pieza importante? ¿No era, en realidad, esclavo de esa misma máquina, aun cuando en su interior creyera estar dominándola? ¿Su egoísmo era sinónimo de amor propio o, por el contrario, estaba arraigado precisamente en la falta de amor a sí mismo?

Vamos a dejar la respuesta a estas preguntas para más adelante, porque antes tenemos que completar nuestro estudio de la doctrina del egoísmo en la sociedad actual. El tabú del egoísmo se ha visto reforzado en los regímenes autoritarios. Uno de los pilares ideológicos del nazismo es el principio según el cual el bien público está por encima del interés privado («Gemeinnutz geht vor Eigennutz»). Siguiendo las técnicas propagandísticas características del nacionalsocialismo, esta idea se formuló de forma que los trabajadores creyeran que el programa nazi era claramente «socialista». Sin embargo, si la analizamos en el contexto de la filosofía nazi, resulta que lo que se pretende transmitir es que el individuo no debe querer nada para sí mismo, sino que ha de preferir la eliminación de su individualidad y participar como una pequeña partícula en el conjunto mayor de la raza o el Estado o de su símbolo, el dirigente máximo. Si el protestantismo y el calvinismo hacían hincapié en la libertad y la responsabilidad personales incluso cuando subrayaban la insignificancia del individuo, el nazismo se centra única y exclusivamente en esta última. Solo los dirigentes «natos» escapan a este principio, pero también ellos deben sentirse gobernados por alguien de rango superior: el líder supremo en cuanto instrumento del destino.

La relación con uno mismo y con los demás

La idea de que el amor a sí mismo es idéntico al egoísmo y que es una alternativa al amor a los demás se ha impuesto en la teología, en la filosofía y en la vida cotidiana. No es extraño que aparezca también en la psicología científica, aunque aquí tomará la forma de una exposición supuestamente objetiva. Es lo que sucede, por ejemplo, en la teoría de Freud sobre el narcisismo.

Según Freud, el ser humano tiene una cierta cantidad de libido. En el lactante, toda la libido se dirige hacia el propio niño (es lo que Freud denomina *narcisismo primario*). Más tarde, la libido se desvía hacia otros objetos (léase personas). Si un individuo tiene bloqueadas sus «relaciones objetales», la libido se retira del objeto y se redirige hacia la propia persona (*narcisismo secundario*). Freud sostiene que entre el amor a sí mismo y el amor a los demás existe una alternancia casi automática. Cuanto más amor se consagre al mundo exterior, menos queda para el individuo, y viceversa. Por eso Freud describe el fenómeno del enamoramiento como un empobrecimiento del amor propio, ya que todo el amor se dirige a un objeto externo.

La teoría del narcisismo de Freud expresa en esencia la misma idea que ha prevalecido en la religión protestante, en la filosofía idealista y en los patrones cotidianos de la cultura moderna. Esto no quiere decir que Freud estuviera necesariamente en lo cierto. Sin embargo, la traducción de un principio general a las categorías de la psicología empírica nos proporciona una buena base para someter a examen ese principio.

Aquí se nos plantean las siguientes preguntas: ¿confirma la observación psicológica la tesis de que el amor a uno mismo y el amor a los demás son fundamentalmente contradictorios y, por lo tanto, mutuamente excluyentes? ¿Es el amor propio lo mismo que el egoísmo? ¿Existe alguna diferencia entre ambos o se trata de fenómenos opuestos?

Antes de abordar la cuestión en términos empíricos, hay que señalar que, desde el punto de vista filosófico, la idea de que el amor al prójimo excluye por principio el amor a sí mismo es insostenible. Si es una virtud amar a nuestros semejantes, ¿por qué no voy a poder amarme también a mí mismo como ser humano? Un principio que proclama el amor al prójimo pero al mismo tiempo prohíbe el amor propio me está excluyendo de la humanidad. Sin embargo, la experiencia más profunda que puede tener el ser humano es precisamente la del individuo con respecto a sí mismo. No hay solidaridad humana en la que yo mismo no esté incluido. Una doctrina que proclama tal exclusión demuestra ser contradictoria en sí misma. Esa idea aparece reflejada en el mandamiento del «ama a tu prójimo como a ti mismo», que no significa otra cosa que el respeto, el amor y la comprensión de uno mismo no pueden separarse del respeto, el amor y la comprensión de los demás. El reconocimiento de mí mismo como persona es inseparable del reconocimiento de cualquier otro individuo.

Esto nos lleva a las premisas psicológicas sobre las que hemos fundamentado las conclusiones de este trabajo. En términos generales, partimos de lo siguiente: que tanto los demás como nosotros mismos somos el «objeto» de nuestros sentimientos y actitudes, y que la actitud hacia los demás y la actitud hacia nosotros mismos, lejos de ser antitéticas, se corresponden entre sí. (Este punto de vista ha sido subrayado por Horney, 1939, especialmente en los capítulos 5 y 7.) Aplicándolas al problema que nos ocupa, esto significa que el amor al prójimo y el amor propio no son opciones excluyentes, como tampoco lo son el odio a los demás y el odio a uno mismo. Al contrario, el amor propio solo puede darse en quienes amen a sus semejantes y, aunque no lo parezca, el odio a uno mismo es inseparable del odio a los demás. En otras palabras, el amor y el odio no establecen diferencias en su «objeto», sea este uno mismo o nuestros congéneres.

EL ODIO A LOS DEMÁS Y EL ODIO A UNO MISMO

Para explicar mejor esta idea, tendremos que saber primero a qué nos referimos cuando hablamos de amor y odio. En el caso del odio, debemos distinguir entre *odio reactivo* y *odio endógeno*. El *odio reactivo* es la reacción a un ataque contra la vida, la seguridad o los ideales de la persona o contra los de alguien a quien esta quiere y con el que se identifica. En el odio reactivo se presupone que quien odia tiene una actitud positiva hacia la vida, hacia los demás y hacia las ideas mismas. Una persona que defiende intensamente la vida reaccionará con la misma intensidad cuando su vida se vea amenazada, y si la amenaza se dirige contra un ser querido, reaccionará con ese mismo sentimiento de odio. Toda persecución apasionada de algo conduce al odio cuando aquello que se persigue resulta atacado. Este tipo de reacción es la antítesis del amor. El odio reactivo lo suscita una situación concreta, su objetivo es eliminar al agresor y, por lo general, desaparece cuando este último es derrotado. (Nietzsche —1911a, aforismo 2— ha destacado la función creadora de la destrucción.)

El *odio endógeno* es muy diferente. No puede negarse que este odio arraigado en la estructura del carácter fue primero una reacción a experiencias sufridas en la infancia, pero luego se convirtió en un rasgo del carácter del individuo, y de ahí que después se muestre hostil. Esa hostilidad asentada en el carácter puede observarse incluso cuando la persona no tiene motivo alguno para mostrar odio. Hay algo en las expresiones faciales, en los gestos, en el tono de voz, en su forma de bromear, en algunas reacciones involuntarias que, cuando se observan, refuerzan la impresión de hostilidad, de esa actitud fundamental que podría describirse como una permanente *disposición* al odio. Esta disposición es la fuente de la que brota el odio reactivo en cuanto es espoleado por un estímulo concreto. El odio basado en el carácter puede ser tan racional como el odio reactivo en las situaciones descritas anteriormente. Sin embargo, hay una diferencia importante: en el odio reactivo es la situación la que *produce* el odio; en cambio, en el odio endógeno, la situación no hace más que *actualizar* una hostilidad «inactiva». Si se despierta el odio anclado en el carácter, la persona parece experimentar una especie de alivio, como si se alegrara de encontrar un motivo justificado para expresar la hostilidad que alberga en su interior. Muestra una satisfacción y un deleite en el odio que no aparecen en el odio reactivo.

Si la reacción de odio es proporcional a la situación que la motivó, entonces hablamos de una reacción «normal», aunque sea una «actualización» del odio endógeno. Entre esta reacción normal y la reacción «irracional» que encontramos en las personas neuróticas y psicóticas, hay muchas formas intermedias, por lo que no se puede establecer una línea divisoria clara entre una y otra. En el odio irracional, la reacción no parece estar en consonancia con la situación que la ha provocado. Para entenderlo, basta fijarse en una reacción que los psicoanalistas observamos muy a menudo. Un paciente se ve obligado a esperar diez minutos porque su terapeuta está ocupado con otro paciente. Luego entra en la consulta hecho una furia porque se toma el retraso como una ofensa personal. Los psicóticos pueden reaccionar de una forma aún más extrema; en ellos, la falta de proporcionalidad en la reacción es todavía más llamativa. El odio, en estos casos, lo despierta una situación que, objetivamente, no tiene nada de ofensiva. Sin embargo, desde el punto de vista de la persona, sí que es ofensiva; por tanto, la reacción irracional solo es irracional en el plano objetivo de la realidad, pero no desde los presupuestos subjetivos de la persona afectada.

La hostilidad solapada también puede despertarse a propósito y convertirse en odio manifiesto por medio de la sugestión social, es decir, mediante la propaganda. Para que sea eficaz la propaganda que intenta inculcar odio hacia ciertos objetos, debe apoyarse en la hostilidad endógena de aquellos a los que pretende llegar. Un buen ejemplo de ello es el atractivo que tuvo el nazismo para la clase media baja. Los miembros de este estrato social habían tenido siempre una hostilidad latente, es decir que su hostilidad existía mucho antes de que fuera activada por la propaganda nazi, y por eso fueron un terreno tan fértil para la difusión del nazismo.

El psicoanálisis nos brinda muchas oportunidades de observar las condiciones responsables de la presencia del odio en la estructura del carácter. Podría decirse que los factores decisivos en el desarrollo del odio endógeno serían las muy diversas maneras en que se bloquean y destruyen la espontaneidad, la reactividad emocional y el desarrollo del «yo» en el niño.

En los últimos años, varios psicólogos han tratado de descubrir las razones de la hostilidad consciente e inconsciente en los niños. Algunos han llegado a demostrar la presencia de una fuerte hostilidad en niños pequeños. Un método que resultó especialmente fructífero fue la organización de situaciones de juego en las que los niños podían expresar su hostilidad. Según Lauretta Bender y Paul Schilder (1936), cuanto más pequeños eran los niños, más directamente mostraban su hostilidad, mientras que la reacción hostil estaba reprimida en los mayores, aunque podía observarse claramente en las situaciones de juego (véase también Levy, 1937). Murphey y Lerner se dieron cuenta de que algunos niños parecían estar bien adaptados al grupo de juego de la guardería, pero en los juegos individuales libres, realizados junto con un adulto, demostraban una intensa agresividad. J. Louise Despert (1940) también llegó a conclusiones similares. En las pruebas de Rorschach realizadas a niños de entre dos y cuatro años, Hartoch y Schachtel detectaron una agresividad muy fuerte, pero esta no se manifestaba en el comportamiento.

Las formas de imposición son muy variadas: van desde la hostilidad y el terror manifiesto e intimidante hasta un modo sutil y «cariñoso» de «autoridad anónima» que no prohíbe nada, sino que se le dice al niño: «Sé que quieres esto o que te disgusta esto otro». La simple frustración de las pulsiones instintivas no deriva en una actitud de gran hostilidad; a lo sumo genera un odio reactivo. Freud, sin embargo, asumió —y así justificó su teoría del complejo de Edipo— que la frustración del deseo sexual hacia el padre o la madre deriva en un odio que a su vez provoca angustia y sumisión en el niño. Sin duda, la frustración aparece a menudo como síntoma de algo que sí crea hostilidad: no tomar en serio al niño, bloquear su expansividad, no permitirle ser libre... Pero el verdadero problema no es la frustración en sí misma, sino la lucha del niño contra las fuerzas que tienden a anular su libertad y su espontaneidad. Hay muchas formas de luchar por la libertad y muchos modos de disfrazar la derrota. El niño puede estar dispuesto a interiorizar la autoridad externa y comportarse como un niño «bueno»; puede rebelarse abiertamente y seguir siendo dependiente, o puede desarrollar un sentimiento de «pertenencia» adaptando su comportamiento a los patrones culturalmente establecidos y perdiendo su yo individual en el proceso. El resultado es siempre una sensación más o menos fuerte de vacío interior, de angustia y de insignificancia personal y, como consecuencia de todo ello, surge un odio crónico e, incluso, el *resentimiento* (que Nietzsche describió muy acertadamente como *Lebensneid*, envidia de todo lo que indica vida).

No obstante, existe una pequeña diferencia entre el odio y esa «envidia de la vida». El odio tiende en último término a la destrucción del objeto que está fuera de mi yo. Destruyéndolo se gana fuerza, aun cuando esta no se obtenga en términos objetivos, sino solo subjetivamente. El individuo que siente envidia vital tiende también a la destrucción del otro, pero no para sentirse fuerte, sino por la simple satisfacción de ver como al otro se le niega el disfrute de aquellas cosas que —por razones internas o externas— él no puede disfrutar. Intenta poner fin al dolor que le produce su propia incapacidad para ser feliz y para ello elimina a todo el que, con su mera existencia, pone de manifiesto aquello de lo que él carece.

Hay que tener en cuenta que el sadismo es también distinto del odio. Tal y como yo lo veo, la finalidad del sadismo no es la destrucción del sujeto, sino el dominio absoluto sobre este último para convertirlo en un medio para conseguir los fines propios. El sadismo puede mezclarse con el odio; aparecerá entonces la crueldad que normalmente va asociada al comportamiento sádico. También puede combinarse con una actitud de simpatía; entonces el sádico querrá utilizar al individuo como un medio, pero al mismo tiempo lo favorecerá en todos los aspectos posibles salvo en uno: dejar que sea libre.

En principio, el odio crónico se desarrolla en los grupos por la intervención de los mismos factores. La diferencia se encuentra aquí —como en otros muchos casos en los que se plantea el diferente enfoque de la psicología individual y la psicología social— solamente en lo siguiente: en la psicología individual se buscan las condiciones particulares y accidentales responsables de los rasgos de carácter que distinguen a un individuo de los demás miembros de su grupo, mientras que en la psicología social nos interesa la estructura del carácter, siempre que sea común a todos y, por tanto, característica de la mayoría de los miembros de ese grupo. Por eso no nos interesan las condiciones individuales accidentales, como, por ejemplo, un padre demasiado estricto o la muerte repentina de una hermana querida, sino las condiciones de vida compartidas por todo el grupo. Por lo tanto, lo importante no es este o aquel rasgo particular del modo de vida compartido, sino la estructura general de las experiencias vitales básicas, que en esencia estarán sometidas a los condicionantes propios del sistema socioeconómico del grupo en cuestión (véase Fromm, 1932a).

El niño está imbuido del «espíritu» de una sociedad mucho antes de conocerlo de manera directa en la escuela. Los padres tienen en su estructura de carácter el espíritu que prevalece en su comunidad y clase social y se lo transmiten al niño desde que llega al mundo. La familia es, pues, la «agencia psíquica» de la sociedad.

Llegados a este punto, creo que a nadie se le escapa la relación que tiene todo esto con los diversos tipos de odio. Mientras que en el odio reactivo el estímulo es al mismo tiempo el objeto y la «causa» del odio, en el odio endógeno la causa es la actitud subyacente, la disposición a odiar, que no solo es independiente del objeto, sino que se manifiesta antes de que la hostilidad crónica llegue a ser odio manifiesto.

Como ya se ha indicado, este odio elemental aparece en algunas personas en el curso de la infancia, pero más tarde se convierte en parte de la estructura de la personalidad y el objeto del odio juega entonces un papel secundario. Por consiguiente, en el odio endógeno no hay, en principio, diferencias entre los objetos de odio externos y los internos. La hostilidad inactiva siempre está ahí; los objetos externos de odio cambian según las circunstancias y, por obra de ciertos factores, yo mismo puedo convertirme en uno de los objetos de mi hostilidad. Para entender por qué unas veces se odia a una persona concreta y por qué otras el individuo se odia a sí mismo, hay que conocer los factores específicos que hacen que los demás o el sujeto en cuestión sean objeto de un odio manifiesto. Sin embargo, lo que nos interesa en este contexto es el principio de que el odio endógeno procede del individuo y que, como un reflector, unas veces enfoca un objeto y otras veces otro, entre ellos el propio individuo. La fuerza de la propensión al odio es uno de los mayores problemas de nuestra cultura. Ya hemos mostrado antes que el calvinismo y el protestantismo presentaban al hombre como una criatura esencialmente mala y despreciable. Lutero, de hecho, sentía un odio extraordinario hacia los campesinos sublevados.

Max Weber ha destacado la desconfianza y la hostilidad hacia los demás que recorren la literatura del puritanismo, repleta de advertencias contra la bondad y el auxilio de nuestros semejantes. El teólogo Richard Baxter recomendaba desconfiar incluso del amigo más cercano, y Thomas Adams escribía:

> El hombre «sabio» es ciego para los asuntos de los demás, pero clarividente para los suyos. Se confina a sí mismo al círculo de sus propios asuntos y no mete los dedos en fuegos innecesarios. Ve la falsedad de ello y, por lo tanto, aprende a confiar en sí mismo y en los demás solo en la medida en que no resulte perjudicado por el desengaño (*Works of the Puritan Divines*, citado por Weber, 1930, pág. 222).

Hobbes creía que la naturaleza del hombre era equivalente a la de una bestia, que estaba lleno de hostilidad, siempre dispuesto a robar y a matar. Solo se podían establecer la paz y el orden por medio de un contrato social que impone el sometimiento de todos a la autoridad del Estado. La concepción del hombre de Kant no estaba muy alejada de la de Hobbes: también él pensaba que el ser humano tiende por naturaleza al mal. Asimismo, muchos psicólogos han aceptado que la repulsión hacia los demás es inherente al género humano. Para William James es una inclinación tan fuerte que hace que todos sintamos una aversión natural al contacto físico (véase James, 1896, esp. vol. 2, pág. 348). En su teoría sobre el instinto de muerte, Freud sostiene que, biológicamente, todo ser humano siente un impulso irresistible que le lleva a destruir a los demás o a sí mismo.

Aunque algunos filósofos de la Ilustración estaban convencidos de que el hombre es bueno por naturaleza y de que su inclinación a la hostilidad es producto de las circunstancias, la consideración de esta última como elemento inherente al ser humano se mantiene en el ideario de los principales pensadores de la era moderna, desde Lutero hasta nuestros días. No vamos a entrar a discutir si esa tesis se sostiene o no. Tan solo diremos que los filósofos y psicólogos que defendieron esta idea fueron buenos observadores del género humano dentro de su propia cultura, pero creyeron, erróneamente, que el hombre moderno no es producto de la historia, sino de la naturaleza.

A pesar de que son muchos los pensadores que han destacado la fuerza de la hostilidad en el individuo contemporáneo, esta idea no ha calado en la mayoría de la gente corriente. Pocos son conscientes de la aversión elemental que sienten hacia otras personas. Por lo general solo se percatan de que su interés y sus sentimientos por los demás son escasos. Son completamente inconscientes de su odio inveterado hacia sí mismos y hacia el resto de las personas. Han asumido el sentimiento que saben que deben tener: apreciar a la gente y considerarla agradable, siempre que no se comporte de forma agresiva. Este «aprecio» acrítico de los demás es, sin embargo, completamente superficial, o bien compensa una carencia de afecto fundamental.

Mientras que la frecuente aparición de la desconfianza y la aversión a los demás es bien conocida por muchos observadores de nuestra escena social, la aversión a uno mismo es un fenómeno menos claramente reconocido. Sin embargo, el odio a uno mismo solo puede verse como algo inusual si únicamente atendemos a las personas que se aborrecen y rechazan abiertamente a sí mismas. La mayoría de las veces, el rechazo de uno mismo se oculta de muchas maneras. Una de las expresiones indirectas de autodesprecio más comunes es el sentimiento de inferioridad, hoy muy extendido en nuestra sociedad. Las personas no son conscientes de que no se gustan a sí mismas; solo se sienten inferiores, estúpidas, poco atractivas o cualquier otra manifestación particular del sentimiento de inferioridad. (La industria aprovecha el autodesprecio inconsciente haciendo, por ejemplo, que la gente tema mostrar su propio «olor corporal». La aversión inconsciente de cada uno hacia sí mismo nos convierte en presa fácil de este tipo de publicidad.)

La dinámica de los sentimientos de inferioridad es bastante compleja, ya que en ellos influyen otros factores además del que nos ocupa. Sin embargo, el desprecio de uno mismo, o al menos la falta de amor hacia la propia persona, está siempre presente y, en términos psicodinámicos, constituye un factor importante.

Una forma aún más sutil de autodesprecio es la tendencia a la autocrítica. Las personas excesivamente críticas consigo mismas no se sienten inferiores, pero, cuando cometen un error, descubren algo de sí mismas que no les gusta; su autocrítica es entonces totalmente desproporcionada con respecto a la importancia del error o el defecto personal. Deben ser perfectas conforme a sus estándares personales o, al menos, lo suficientemente buenas para los estándares de las personas de su entorno, porque quieren obtener su afecto y aprobación. Si creen haber hecho algo de forma impecable o haber conseguido la aprobación de los demás, se sienten bien. Pero, si no lo consiguen, las asalta el sentimiento de inferioridad que tenían reprimido. También en este caso, la falta básica de amor propio actúa como resorte de una actitud negativa.

Esto se hace aún más claro si comparamos el amor hacia nuestra propia persona con la actitud correspondiente hacia los demás. Por ejemplo, si un hombre que cree amar a una mujer tiene la impresión de que no le conviene porque ha cometido un error, o sus sentimientos dependen de la opinión que sobre ella tengan los demás, entonces es que no le profesa amor alguno. Quien odia aprovecha cualquier oportunidad para criticar al otro y no pasa por alto ni el menor de sus defectos.

Sin embargo, la falta de amor propio se manifiesta sobre todo en la manera en que las personas se tratan a sí mismas. Algunas se comportan como si fueran esclavas de sí mismas: en lugar de someterse a una autoridad externa, han puesto al amo dentro de sí. Este es un amo severo y cruel que impone el trabajo sin descanso, prohíbe todo lo placentero y no deja hacer lo que uno quiere. Si, a pesar de todo, el individuo lo hace, será siempre en secreto y a costa de un sentimiento de mala conciencia. Hasta la diversión tiene el mismo carácter compulsivo que el trabajo, porque no le abstrae de la ocupación constante que domina su vida. La mayoría ni siquiera es consciente de ese sometimiento. Aunque también hay excepciones, como el banquero James Stillman, quien en plena madurez había conseguido una fortuna, prestigio y poder solo alcanzados por unos pocos y que, sin embargo, aseguraba que nunca en su vida había hecho lo que quería y nunca lo haría (véase Robeson, 1927).

Freud entendió el papel que juega la «conciencia» en la internalización de la autoridad externa y en la recepción de la hostilidad hacia uno mismo y trató de plasmarlo en el concepto de superyó. Estaba convencido de que el superyó es el depositario de buena parte de la destructividad inherente al ser humano, la cual se vuelve en su contra al presentarse en forma de deberes y obligaciones morales. Aunque tengo mis reservas sobre la teoría del superyó, que no puedo explicar aquí (véase Fromm, 1936a), no cabe duda de que Freud supo entender la hostilidad y crueldad albergadas en la «conciencia», tal y como se concebía esta en la era moderna.

EL AMOR COMO AFIRMACIÓN DEL YO

Lo que decíamos de la hostilidad y el odio también se aplica al amor. Sin embargo, el amor, sea al prójimo o a uno mismo, es mucho más complejo, y ello por dos razones. En primer lugar, el odio es un fenómeno omnipresente en nuestra sociedad y, por lo tanto, fácilmente accesible para la investigación y el estudio empírico. En cambio, el amor es un fenómeno relativamente inusual y difícil de estudiar en términos empíricos; por consiguiente, cualquier debate sobre el amor puede convertirse en una discusión poco empírica y puramente especulativa.

La segunda dificultad es quizá todavía de mayor envergadura. No hay palabra que haya sido tan mal utilizada y se haya degradado tanto como *amor*. La han empleado como defensa quienes estaban dispuestos a excusar cualquier crueldad del otro siempre que fuera útil para sus propios fines. Se ha usado para disfrazar la sumisión de quienes se ven impelidos a sacrificar su propia felicidad y a someterse por completo a otra persona. Se ha utilizado como fundamento moral para imponer exigencias injustificadas. Para muchos es un término tan desprovisto de sentido que solo puede hablarse de amor cuando dos personas han vivido juntas durante veinte años sin pelearse más que muy de cuando en cuando. Es peligroso y, desde luego, un tanto vergonzante emplear una palabra tan importante de esa manera. Sin embargo, un psicólogo no puede caer en semejante error.

Predicar el amor es, en el mejor de los casos, de mal gusto. Pero analizar fría y críticamente el fenómeno del amor y detectar las formas de pseudoamor —tareas inseparables la una de la otra— es una obligación que el psicólogo no puede eludir.

Huelga decir que en este trabajo no se pretende hacer un examen psicoanalítico del amor. La simple descripción de los fenómenos psicológicos a los que suele referirse el término *amor* llenaría por sí sola medio libro. No obstante, se intentará dar cuenta de las principales ideas existentes hasta el momento.

A menudo se hacen pasar por amor dos fenómenos estrechamente relacionados: el amor masoquista y el amor sádico. En el *amor masoquista*, la persona renuncia a su propio yo, a su iniciativa y a su integridad para dejarse absorber del todo por un individuo que ella considera más fuerte. A causa de la angustia que le provoca la sensación de que no ser capaz de valerse por sí mismo, el individuo trata de deshacerse del propio yo y pasar a ser parte de otro, porque quiere sentirse seguro y encontrar ese centro que le falta en sí mismo. Esta renuncia al yo se ha ensalzado a menudo como ejemplo de «gran amor». En realidad, es una forma de idolatría y de destrucción personal. El hecho de presentarlo como amor lo ha hecho más atractivo y más peligroso.

El *amor sádico*, en cambio, es producto del deseo de absorber el objeto amoroso y convertirlo en un instrumento sin voluntad. Este impulso tiene también sus raíces en la profunda angustia del individuo y su incapacidad para permanecer solo; pero, en lugar de encontrar mayor fuerza dejándose llevar, se buscan la fortaleza y seguridad que proporciona un poder ilimitado sobre la otra persona.

Tanto el amor masoquista como el sádico son expresiones de una necesidad básica que experimenta el individuo a causa de su propia incapacidad para ser independiente. Utilizando un término biológico, podría decirse que se trata de una «necesidad de simbiosis». El amor sádico es a menudo la forma que adopta el amor de los padres por su progenie. Da igual que la dominación sea abiertamente autoritaria o sutilmente «moderna». En ambos casos se tiende a socavar la fuerza del yo en el niño y, con el tiempo, se desarrolla la misma tendencia hacia la simbiosis. El amor sádico también se manifiesta en los adultos. En las relaciones duraderas se adoptan los roles que lleva aparejado este tipo de amor: uno de los miembros de la pareja asume el lado sádico y el otro adopta el masoquista. A menudo hay también un cambio constante de roles, porque se produce una pugna continua entre el afán de imponerse y el de dejarse someter, y a este tipo de relación se le llama amor.

De lo que hemos dicho se deduce que el amor está inextricablemente unido a la libertad y la independencia. Al contrario de lo que sucede en el pseudoamor simbiótico, los requisitos más importantes del amor genuino son la libertad y la igualdad. El amor presupone que el individuo tiene la fuerza, independencia e integridad necesarias, que puede estar a solas consigo mismo y soportar la soledad. Esto se aplica tanto al amado como al amante. El amor es un acto espontáneo, y la espontaneidad implica por sí misma capacidad para actuar por decisión propia. Si la ansiedad y la debilidad del individuo imposibilitan el arraigo del yo, este será incapaz de amar.

Esto solo puede entenderse bien si somos conscientes de hacia dónde se dirige el amor. Sabemos que el amor es lo contrario del odio. El odio implica un fuerte deseo de destrucción, mientras que el amor es una afirmación apasionada de su «objeto». (El término *objeto* figura aquí entre comillas porque, en una relación amorosa, el «objeto» deja de ser tal, es decir, algo antitético y separado del sujeto. No es casual que *objeto* y *objeción* tengan la misma raíz.) Eso significa que el amor no es un «afecto», sino una búsqueda activa de la felicidad, el desarrollo y la libertad del «objeto» amado. Esta afirmación apasionada nunca se podrá producir si el yo está dañado, pues la verdadera afirmación se basa siempre en la fuerza del sí mismo. La persona que tiene el yo dañado solo puede amar de una forma ambivalente, es decir, la parte fuerte del yo expresará amor, mientras que la parte dañada mostrará odio. Harry Stack Sullivan ha explicado esta concepción del amor en algunas de sus conferencias. Para él, la fase de la preadolescencia se caracteriza por la aparición de unos impulsos en las relaciones intrapersonales que hacen que se produzca un nuevo tipo de satisfacción al desear a otra persona. El amor, según él, es una situación en la que la satisfacción del amado es tan significativa y deseable como la del amante.

El término *afirmación apasionada* puede prestarse a interpretaciones erróneas. No se trata de una afirmación intelectual en el sentido de un juicio puramente racional, sino de una afirmación mucho más profunda en la que participa toda la estructura de la personalidad: intelecto, emoción y sentidos. Los ojos, los oídos y la nariz son a menudo órganos de afirmación tan buenos como el cerebro (y a veces hasta mejores). Si la afirmación es profunda y apasionada, se apunta a la esencia misma del «objeto» y no solo a aspectos parciales. No hay mayor expresión del amor de Dios por la humanidad que la que encontramos en el Antiguo Testamento cuando se relata la creación del mundo: «Y vio Dios que todo lo que había hecho era bueno».

Hay otra interpretación errónea que también debe evitarse. De lo dicho hasta ahora se podría inferir que toda afirmación apasionada es sinónimo de amor, independientemente del valor del objeto amado. Esto significaría que el amor es un sentimiento de afirmación puramente subjetivo y que la cuestión de los valores objetivos no juega ningún papel. ¿Qué sucede entonces con lo puramente negativo? ¿Se puede *amar* el mal? Esta es una de las cuestiones psicológicas y filosóficas de mayor complejidad, y no estoy en condiciones de abordarla en estas páginas. Sin embargo, me gustaría resaltar que la afirmación en el sentido aquí descrito no es algo enteramente subjetivo. El amor es afirmación de la vida, del crecimiento, de la alegría, de la libertad y, por lo tanto, el mal —que es sinónimo de negación, de muerte, de coerción— no puede ser objeto de amor. Ciertamente, la sensación subjetiva puede ser la de una emoción placentera, que en el plano de la conciencia se presenta en los términos convencionales del amor. Puede que la persona crea que es amor, pero el análisis de su psique revela un estado muy diferente de lo que he presentado como amor.

La misma cuestión se plantea con respecto a otros problemas de la psicología, por ejemplo, en el análisis de si la felicidad es un fenómeno totalmente subjetivo o bien responde a factores objetivos. ¿Una persona que se siente «dichosa» al hacerse dependiente y entregarse a sí misma es realmente feliz, o la felicidad se sustenta siempre sobre valores como la libertad y la integridad? Se ha argumentado que esas personas afirman ser «felices» para justificar su sometimiento, pero esta es una defensa muy endeble. La felicidad no puede separarse de ciertos valores ni reducirse a un sentimiento subjetivo de satisfacción. Esto se comprueba, por ejemplo, en el masoquismo. Puede que una persona sienta satisfacción al ser sometida, torturada e incluso llevada a la muerte, pero no hay felicidad en la sumisión, como tampoco la hay en la tortura ni en la muerte.

Habrá quien crea que estas consideraciones exceden el ámbito de la psicología y que pertenecen más bien al campo de la filosofía y la religión, pero yo no creo que sea así. Un análisis psicológico que sea lo bastante preciso, que distinga las cualidades de cada sentimiento según la estructura caracterológica subyacente, puede mostrar cuán distinta es la *satisfacción* de la *felicidad*. La psicología, sin embargo, solo podrá llegar a entender esta cuestión si no la desliga de los valores y no rehúye la cuestión del sentido y la finalidad de la vida humana.

El amor, al igual que el odio endógeno, tiene su fundamento en una actitud elemental que aparece constantemente en el individuo: la disposición a amar o, por decirlo de otro modo, una *simpatía básica*. Se manifiesta en un objeto particular, pero no está causada por él. Al igual que la inclinación al odio, la capacidad y disposición para expresar amor es un rasgo del carácter. (Sería un error suponer que estas diferentes disposiciones son características de distintos tipos de personalidad. Muchos individuos muestran tanta disposición al odio como al amor.)

Resulta difícil decir cuáles son los factores que favorecen el desarrollo de esa simpatía básica, pero parece que existen dos condiciones principales, una positiva y la otra negativa. El requisito positivo es simplemente que el individuo haya experimentado el amor durante la infancia. Aunque se suele dar por hecho que los padres aman por instinto a los hijos, tal expresión de amor es más la excepción que la regla. Por lo tanto, esta condición positiva no suele darse. El requisito negativo es la ausencia de todos aquellos factores, discutidos anteriormente, que hacen que exista un odio crónico. Los observadores de las experiencias infantiles pueden poner en cuestión que la ausencia de estas condiciones sea frecuente.

De la premisa de que el amor genuino se asienta sobre una

simpatía básica se desprende una conclusión importante con respecto a los objetos amorosos. La conclusión, en principio, es la misma que se ha expuesto con respecto el odio crónico, de manera que los objetos del amor no tendrían tampoco la cualidad de la exclusividad. No es desde luego fruto del azar que una persona concreta se convierta en objeto de amor manifiesto; pero los factores que condicionan esa elección particular son demasiado numerosos y complejos para poder examinarlos aquí. En cualquier caso, lo importante es que el amor por un *objeto* concreto es solo la actualización y concentración del amor subyacente en una persona en particular. No se trata, como pretende la idea del amor romántico, de que solo haya una persona en el mundo a la que se pueda amar, ni que el mayor acontecimiento de la vida sea encontrar a esa persona. Tampoco es cierto que amar a esa persona suponga privar de amor a los demás. Un amor que únicamente se puede experimentar respecto a una sola persona no es amor, sino un apego simbiótico. La afirmación básica contenida en el amor se dirige a la persona amada en tanto que encarna en sí misma cualidades humanas esenciales.

El amor a una persona concreta lleva implícito el amor al género humano. Esa «división del trabajo» —como la llama William James— merced a la cual se ama a la propia familia, pero no se siente nada por los «extraños», indica que existe una incapacidad básica para amar. El amor a la humanidad no es, como suele suponerse, una abstracción que aparece *a raíz* del amor experimentado por una persona concreta, ni una ampliación de la experiencia en un *objeto* particular; es más bien su condición previa, aunque generalmente se adquiere a través del amor a individuos concretos. De ello se desprende que mi propio yo debe ser, en principio, tan objeto de mi amor como cualquier otra persona. La afirmación de la vida, la felicidad, el crecimiento y la libertad del individuo se basa en la existencia en uno mismo de la disposición y capacidad esenciales para dicha afirmación. Si un individuo tiene esta disposición, la tendrá también hacia sí mismo; si solo es capaz de amar a los demás, no será capaz de amar en absoluto. En una palabra, el amor es tan inseparable de sus *objetos* como lo es el odio.

El principio que acabamos de explicar, que el odio y el amor son actualizaciones de una disposición permanente, también se aplica a otros fenómenos psíquicos. La sensualidad, por ejemplo, no es una mera reacción a un estímulo. El individuo sensual —o, dicho de otro modo, erótico— mantiene una *actitud* básicamente erótica hacia el mundo. Esto no significa que esté siempre excitado sexualmente, sino que hay una *atmósfera* erótica que toma cuerpo en ciertos objetos, pero que ya está presente subliminalmente antes de que el estímulo haga su aparición. No nos referimos a la capacidad fisiológica de estar excitado sexualmente, sino a una disposición erótica que podría observarse con lupa, por así decirlo, aunque la persona en cuestión no se encuentre en un estado de excitación sexual.

Hay, sin embargo, personas que no presentan esa disposición erótica. En ellas, la excitación sexual viene esencialmente de un estímulo que actúa directamente sobre el instinto sexual. El umbral de estimulación puede variar mucho, pero este tipo de excitación sexual es siempre independiente de la personalidad, de las cualidades intelectuales y emocionales del individuo.

Otro ejemplo de este mismo principio es el sentido de la belleza. Hay personas que tienen una disposición natural hacia la contemplación de la belleza. Una vez más, esto no significa que tales individuos estén siempre mirando cuadros, personas o paisajes hermosos; pero, cuando los contemplan, se pone en marcha una disposición que se halla siempre en su interior; por tanto, su sentido de la belleza no lo despierta simplemente el objeto que se les presenta a la vista. Aquí se puede observar también que las personas con ese sentido de la belleza tienen, en realidad, una forma diferente de percibir el mundo, que se manifiesta incluso cuando no perciben cosas bellas.

Podríamos dar muchos más ejemplos de este principio, pero creo que ha quedado ya bastante claro que, a diferencia de ciertas escuelas psicológicas que intentan comprender las reacciones humanas según el patrón estímulo-respuesta, aquí hemos tratado de demostrar que la estructura del carácter está formada por muchas disposiciones como las que hemos mencionado, las cuales están continuamente presentes en el individuo, pero son puestas en acto —que no causadas— por un estímulo exterior. Este punto de vista es esencial en una psicología dinámica como la del psicoanálisis.

Puede parecer que la teoría reflexológica se asemeja bastante a la perspectiva adoptada en estas páginas, pero es una semejanza meramente superficial. La teoría reflexológica parte de la suposición de que hay una disposición ya preformada en las neuronas para reaccionar de una determinada manera ante un determinado estímulo. Nuestra aproximación, en cambio, no se ocupa de tales condiciones físicas y, lo que es más importante, no entendemos la disposición como una actitud realmente presente —aunque sea subliminal— e inactiva que crea una atmósfera o estado de ánimo básicos (*Grundstimmung*).

Freud sostenía que todas estas disposiciones tienen su origen en instintos biológicos. Nosotros, en cambio, creemos que, si bien esto es cierto en algunas disposiciones, muchas otras surgen como respuesta a las experiencias personales y sociales del individuo.

Amor propio y egoísmo

Queda por discutir una última cuestión. Si el amor propio y el amor a nuestros congéneres son en principio complementarios, ¿cómo se explica el egoísmo, que es todo lo contrario a cualquier preocupación genuina por los demás? El egoísta solo se interesa por sí mismo, lo quiere todo para sí, es incapaz de dar nada con gusto porque siempre está ansioso por tomar para sí; solo contempla su entorno desde la perspectiva de lo que puede sacar de él; no le interesan las necesidades de los demás ni respeta su dignidad e integridad. Únicamente piensa en sí mismo; juzga todo y a todos desde el punto de vista de su utilidad personal, y es profundamente incapaz de amar.

Este egoísmo puede ser manifiesto o esconderse detrás de todo tipo de gestos desinteresados. Sin embargo, desde un punto de vista dinámico, siempre se trata de egoísmo. Parece evidente que en este tipo de personalidad existe una contradicción entre el enorme interés por uno mismo y la falta de atención a los demás. ¿No tenemos aquí la prueba manifiesta de que debemos elegir entre la preocupación por los demás y la preocupación por uno mismo? Esto sería cierto si el egoísmo fuera idéntico al amor de sí. Pero esta es justo la falacia que ha traído consigo tantas conclusiones erróneas sobre la cuestión que nos ocupa. Lejos de ser idénticos, el egoísmo y el amor propio son, en realidad, opuestos.

El egoísmo es una especie de codicia (*Selbstsucht*, el término con el que se designa en alemán el egoísmo —literalmente, 'adicción al yo'—, recoge muy bien esta idea). Como todas las formas de codicia, es insaciable y, por consiguiente, existe en el individuo una insatisfacción permanente. La codicia es un pozo sin fondo: la persona se esfuerza una y otra vez por satisfacer su ansia y, sin embargo, nunca logra la satisfacción. Esto nos lleva a un punto crucial: si observamos con atención resulta que el egoísta, aunque en todo momento se ocupa de sí mismo, siente una insatisfacción continua, está siempre inquieto, siempre impulsado por el miedo a no tener suficiente, a perderse algo o a verse privado de alguna cosa. Experimenta una envidia visceral hacia cualquiera que pueda tener más que él.

Si la analizamos con detenimiento, atendiendo sobre todo a la dinámica inconsciente, constataremos que la persona egoísta no se quiere a sí misma y tampoco se gusta lo más mínimo. La explicación de esta aparente contradicción es muy sencilla. El egoísmo tiene su origen justamente en esa falta de amor por uno mismo. La persona que no puede quererse ni aceptarse a sí misma experimenta una angustia constante respecto a su propio yo. No tiene la seguridad interior que proporcionan un amor y una afirmación verdaderos. Si se preocupa siempre por sí misma y trata de conseguir todo para sí, es simplemente porque tiene una carencia fundamental de seguridad y satisfacción.

Lo mismo ocurre con el individuo al que se llama narcisista, a quien no le interesa tanto conseguir cosas, sino que prefiere admirarse a sí mismo. Aunque superficialmente parece que tales individuos se han encandilado con su propia persona, en realidad no se quieren en absoluto, porque el narcisismo, como también el egoísmo, no es más que una compensación de una carencia fundamental de amor propio. Freud ha señalado que el narcisista retira su amor del otro y lo dirige hacia sí mismo. La primera parte de esta afirmación es correcta, la segunda es una completa falacia. El narcisista ni quiere a los demás ni se quiere a sí mismo.

Resulta más fácil comprender este mecanismo de compensación si lo comparamos con el exceso de preocupación y protección dirigidas hacia los demás. Tanto si se trata de una madre sobreprotectora como de un cónyuge excesivamente preocupado, una observación más atenta revela siempre una cosa: aunque esas personas creen sentir un cariño especial por el otro individuo (el niño, la pareja), en realidad existe en ellas una profunda hostilidad reprimida hacia los propios objetos de su preocupación. Se toman un interés excesivo porque tienen que compensar no solo la falta de cariño, sino la hostilidad existente.

En el egoísmo se nos plantea una cuestión adicional: ¿acaso no es el autosacrificio una expresión extrema de altruismo?, ¿podría una persona que se quiere a sí misma hacer ese sacrificio supremo? La respuesta a tales interrogantes depende enteramente del tipo de sacrificio que estemos considerando. Por un lado está ese sacrificio que se ha ensalzado en los últimos tiempos, sobre todo en la filosofía fascista. La persona debe sacrificarse por algo ajeno a ella y que es más grande y valioso, como, por ejemplo, el líder, la raza, etc. El individuo no cuenta para nada y solo realiza su destino autodestruyéndose en pro de un poder superior. En este sentido, el sacrificio por algo o alguien más grande que la propia persona es el mayor beneficio que puede obtenerse. Dado que el amor, ya sea a uno mismo o a otras personas, implica una afirmación y un respeto básicos, esta idea de sacrificio entra en contradicción con el amor propio.

Pero además existe otro tipo de sacrificio. Si es necesario dar la vida por la preservación de una idea que se ha convertido en parte de uno mismo o por una persona a la que se ama, entonces el sacrificio puede constituir la máxima expresión de afirmación personal. No se trata, por supuesto, de una afirmación del yo en sentido físico, sino del yo en cuanto núcleo de la personalidad general. En este caso, el sacrificio no es el objetivo en sí; es el precio que hay que pagar por la realización y la afirmación del propio yo. Mientras que, en este último caso, el sacrificio está enraizado en la autoafirmación, el que podríamos llamar *sacrificio masoquis-*

ta tiene su raíz en la falta de amor y respeto por uno mismo y es esencialmente nihilista.

El problema del egoísmo tiene una relevancia especial para la *psicoterapia*. El neurótico suele ser *egoísta* en el sentido de que está bloqueado en sus relaciones con los demás o excesivamente preocupado por sí mismo. Es algo fácil de prever, ya que la neurosis implica que no se ha producido la integración de un yo fuerte. Ahora bien, ser normal no significa que esto se haya logrado. Para la mayoría de las personas bien adaptadas, la normalidad solo significa que han perdido su propio yo a una edad temprana y lo han sustituido por un yo social que les ofrece la comunidad. No tienen conflictos neuróticos porque su propio yo —y, por tanto, la discrepancia entre ellos mismos y el mundo exterior— ha desaparecido.

A menudo, los neuróticos son individuos especialmente altruistas, que carecen de autoafirmación y son incapaces de perseguir sus propios objetivos. Las razones de este desinterés son, en esencia, las mismas que las del egoísmo. Lo que casi siempre les falta es amor a sí mismos, y esto es lo que necesitan para encontrarse bien. Cuando el neurótico se recupera, no se vuelve normal en el sentido de ajustar su persona al yo social. Lo que consigue es realizar su yo, que nunca se perdió del todo y por cuya conservación luchaba con sus síntomas neuróticos. Por lo tanto, una teoría como la del narcisismo freudiano que racionaliza el patrón cultural de denunciar el amor propio identificándolo con el egoísmo no puede tener sino efectos devastadores desde el punto de vista terapéutico. De hecho, refuerza el tabú del amor a sí mismo. La psicoterapia solo puede tener resultados positivos cuando no trata de ayudar al individuo a ser él mismo —es decir, libre, espontáneo y creativo, cualidades normalmente reservadas a los artistas—, sino que lo hace abandonar la lucha por su yo y adaptarse a los patrones culturales de manera tranquila y sin el ruido de una neurosis.

En la época actual se tiende cada vez más a hacer del individuo un átomo carente de poder. Los regímenes autoritarios intentan reducir al sujeto a un instrumento sin voluntad ni sentimientos en manos del dirigente máximo; lo aplastan sirviéndose del terror, el cinismo y el poder del Gobierno, de manifestaciones masivas, de oradores fanáticos y de cualquier otro medio de sugestión que tengan a su disposición. Si al final se siente demasiado débil para valerse por sí mismo, se le ofrece participar en el poder y la gloria de un todo mayor en el que la parte impotente es él mismo. En la propaganda autoritaria se sostiene que, en las democracias, el individuo es *egoísta* y que, por eso, debe volverse desinteresado y pensar en la sociedad. Este argumento es una completa falsedad. El nazismo sustituyó el egoísmo salvaje de la burocracia dirigente y del propio Estado por el egoísmo menor del ciudadano medio. La apelación al desinterés es el arma que utilizaron para que las personas normales y corrientes se sometieran y cedieran aún más.

La crítica a la sociedad democrática no debería cifrarse en el excesivo egoísmo de los ciudadanos: es algo que no puede negarse, pero solo es una consecuencia de otros factores. Donde ha fallado la democracia es en el amor propio: no ha conseguido que los individuos aprendan a quererse a sí mismos; es decir, que tengan un profundo sentido de afirmación de su persona, con todas sus potencialidades intelectuales, anímicas y sensoriales. La abnegación y la entrega que vienen del puritanismo protestante y la necesidad de subordinar al individuo a las exigencias de la producción y el beneficio económico han creado las condiciones para el ascenso del fascismo. La disposición a la sumisión, así como la imagen pervertida del *coraje* auspiciada por la guerra y la autodestrucción, solo es posible sobre la base de una desesperación —en gran medida inconsciente— que se aplaca con cantos marciales y vítores al Führer.

El individuo que ha dejado de quererse a sí mismo está tan dispuesto a matar como a morir. Para que nuestra sociedad no derive también en el fascismo, es necesario reconocer que el problema no es que exista demasiado egoísmo, sino que no hay amor propio. El objetivo debe ser crear las condiciones que hagan posible que el individuo realice su libertad no solo en un sentido formal, sino afirmando toda su personalidad en el ejercicio de sus aptitudes intelectuales, anímicas y sensoriales. Esta libertad no implica el dominio de una parte de la personalidad sobre otra —de la conciencia sobre la naturaleza, del superyó sobre el ello—, sino la integración de toda la personalidad y la expresión manifiesta de todas sus facultades.

LA ACTITUD CREATIVA

Antes de hablar de creatividad vamos a examinar sus dos posibles sentidos. La creatividad puede entenderse como creación de algo nuevo, algo que podrá ser contemplado o admirado por los demás, como, por ejemplo, un cuadro, una escultura, una sinfonía, un poema, una novela, etc.; y también puede verse como la actitud que da lugar a las creaciones anteriores, pero que puede existir aunque no se cree nada nuevo en el mundo de las cosas.

El primer tipo de creatividad, la propia del artista, depende de varios factores: el talento (o, si lo prefieren, la predisposición genética), el estudio y la práctica, así como las condiciones económicas y sociales que permiten a una persona desarrollar su talento mediante el estudio y la práctica. En este ensayo no voy a examinar este tipo de creatividad, sino que me centraré en el segundo, en la propia actitud creativa o, dicho de otro modo, en la creatividad como rasgo del carácter.

¿Qué es la creatividad? A mi juicio, la mejor respuesta sería la siguiente: creatividad es la capacidad de ver (o ser consciente de) algo y reaccionar a ello. Puede que esta definición de creatividad les parezca demasiado simple. «Si esto es creatividad —dirá más de uno—, entonces yo también soy creativo, ya que percibo y reacciono a los objetos y las personas de manera completamente consciente. ¿Acaso no percibo lo que sucede a mi alrededor cuando voy a la oficina? ¿No respondo con una sonrisa amistosa a las personas que entran en contacto conmigo? ¿No veo a mi mujer y respondo a sus deseos?»

De hecho, esto es lo que creen la mayoría de las personas, pero se equivocan. La verdad es que no perciben ni responden conscientemente a nada. Por lo tanto, para seguir adelante, tendremos que analizar primero lo que sucede en la visión y reacción frente a algo y lo que marca la diferencia entre la actitud creativa y la no creativa.

Supongamos que una persona ve una rosa y afirma: «Esto es una rosa» o «Veo una rosa». ¿De verdad está viéndola? Algunos sí que la ven, pero la mayoría no. Entonces, ¿qué es lo que están experimentando? Yo lo describiría así: ven un objeto (la rosa) y constatan que el objeto que perciben entra dentro del concepto 'rosa', y, por lo tanto, creen estar haciendo una afirmación correcta cuando dicen ver una rosa. Aunque esta afirmación parece incidir sobre el acto mismo de la visión, en realidad hace hincapié en el acto de la cognición y en su verbalización. Así, una persona que afirma ver una rosa en puridad solo está afirmando que ha aprendido a hablar, esto es, a reconocer un objeto concreto y clasificarlo intelectualmente con la palabra adecuada. Aquí el ver no designa la visión real del objeto, sino que se trata de un acto puramente intelectual. Pero entonces ¿qué es ver en el verdadero sentido de la palabra?

Quizá pueda explicarlo mejor valiéndome de un ejemplo. Una mujer que una buena mañana ha estado desgranando guisantes le cuenta entusiasmada a una amiga con la que se encuentra poco después: «Hoy he experimentado algo maravilloso: he visto rodar guisantes por primera vez». Muchas personas, al oír esto, se quedarán perplejas y tal vez piensen que a esta mujer le sucede algo raro. La mayoría dan por hecho que los guisantes ruedan, y los sorprende que a alguien pueda maravillarle tal cosa. Sin embargo, lo que realmente experimentamos cuando vemos rodar guisantes es solo una confirmación de nuestro conocimiento racional de que los cuerpos redondos ruedan, y no una percepción consciente de los guisantes rodando.

Resulta curioso ver cuán diferente es la conducta de un adulto y la de un niño de dos años con respecto a una pelota que sale rodando. El niño puede lanzarla una y otra vez contra el suelo y verla rodar cien veces sin aburrirse. ¿Por qué? Si ver rodar una pelota es simplemente un acto mental que confirma nuestro conocimiento de que las pelotas ruedan, entonces basta una sola percepción. Percibirlo dos, tres o catorce veces no nos aportará nada nuevo. En otras palabras, nos aburrirá contemplar la misma acción repetida una y otra vez. Para el niño, en cambio, no se trata de una experiencia puramente mental, sino del placer que experimenta viendo rodar la pelota, al igual que muchos de nosotros seguimos disfrutando al ver cómo la pelota rebota de un lado a otro en un partido de tenis. Si somos plenamente conscientes del árbol que estamos mirando —si lo vemos en su plena realidad, no como un simple referente del concepto 'árbol'— y reaccionamos a tal realidad con toda nuestra persona, entonces tenemos la clase de experiencia que requiere pintar un árbol. Que tengamos la habilidad técnica para pintar lo que estamos percibiendo es otra cuestión, pero no se puede pintar un buen cuadro si no existe primero una conciencia plena del objeto particular.

Examinemos la cuestión desde otro punto de vista: en la percepción puramente conceptual, el árbol no tiene ninguna individualidad, sino que es solo un ejemplo del género 'árbol': la representación de una abstracción. En cambio, en la conciencia plena no hay abstracción: el árbol conserva toda su concreción y, por tanto, su singularidad. Este árbol concreto es único en el mundo, y con él me relaciono, lo percibo y reacciono ante él. El árbol se convierte en mi propia creación.

Normalmente, lo que experimentamos cuando vemos personas es básicamente lo mismo que cuando vemos objetos. ¿Qué sucede cuando creemos ver a cierto individuo? Al principio solo percibimos elementos o aspectos accesorios: el color de piel, la forma de vestir, la posición social, si es simpático o antipático, si puede sernos útil o no... Lo primero que querremos saber es cómo se llama, ya que el nombre nos permite clasificarlo, igual que clasificamos una flor diciendo que es una rosa. La forma en que lo percibimos no es muy diferente de la forma en que él se percibe a sí mismo. Si le preguntamos quién es, lo primero que nos dirá es que se apellida Jones; y si le manifestamos que aún no nos sentimos completamente informados sobre él, añadirá que es un hombre casado, padre de dos hijos y médico. Quien todavía siga creyendo que no conoce a este hombre carece, obviamente, de la perspicacia necesaria, o bien es demasiado intrusivo. Lo que vemos en ese individuo concreto es una abstracción, igual que él ve algo abstracto en sí mismo y en las demás personas. No deseamos ver más, ya que todos participamos de la fobia general al acercamiento excesivo a una persona, a penetrar a través de la superficie hasta su núcleo, y por ese motivo preferimos ver solo un poco del individuo, no más de lo que necesitamos para nuestro trato particular con él. Este tipo de conocimiento marginal se corresponde con nuestra indiferencia interna en lo que respecta a la otra persona.

Pero eso no es todo. No solo vemos a la persona de forma marginal y superficial. En muchos aspectos también la vemos de manera poco realista. Nuestras proyecciones son las principales responsables de esa percepción deformada. Si estamos enfadados, proyectamos nuestro enojo en el otro y creemos que está enfadado. Si somos vanidosos, percibimos al otro como vanidoso. Si tenemos miedo, pensamos que es un miedoso, y así sucesivamente. Convertimos al otro en el perchero de los muchos trajes que nosotros no queremos ponernos, y sin embargo pensamos que eso es todo él y no somos conscientes de que solamente es la ropa que nosotros le hacemos llevar. Además de hacer proyecciones, distorsionamos en gran medida la imagen de los demás porque nuestras emociones nos impiden percibirlos de manera realista. Los tres grandes sentimientos que provocan este efecto se corresponden con los tres grandes «pecados» de la ética budista: la avaricia, la insensatez y la cólera. Huelga decir que, si deseamos con avidez algo de otra persona, nunca podremos verla objetivamente. La vemos distorsionada por lo que nuestra codicia quiere que sea, nuestra ira la obliga a ser o nuestra locura imagina que es.

Ver al otro de forma creativa es verlo con objetividad, sin proyecciones ni distorsiones, y esto significa que debemos superar nuestros propios «vicios» neuróticos, esos que inevitablemente derivan en proyecciones y distorsiones. Significa que debemos abrirnos por entero a la percepción de la realidad, tanto la interna como la externa. Solo quienes alcancen esa madurez interior, quienes puedan reducir al mínimo sus proyecciones y distorsiones, podrán vivir de forma creativa.

La experiencia de ver a una persona en toda su realidad se presenta en ocasiones de un modo repentino y harto sorprendente. Podemos haber visto a alguien cien veces y, de pronto, en la centésima primera, verlo tal cual es, como si no lo hubiéramos visto nunca de verdad. Su rostro, sus movimientos, sus ojos, su voz adquieren entonces una realidad más intensa y concreta a causa de la diferencia que existe entre nuestra nueva percepción y la anterior. Así es como aprendemos que existen dos modos de ver, y podemos tener la misma experiencia con un paisaje conocido, un cuadro famoso o cualquier objeto que nos resulte familiar.

Ver un objeto o a una persona en su máxima realidad es la condición de toda reacción realista. La mayoría de nuestras reacciones son tan irreales e intelectuales como la mayoría de nuestras percepciones. Cuando leo una noticia sobre el hambre en la India, apenas reacciono o, si lo hago, es solo con el pensamiento: pienso que es algo terrible, que es lamentable o, incluso, que mueve a la compasión. Nuestra reacción es muy distinta cuando vemos sufrir a alguien delante de nosotros. Entonces reaccionamos con el corazón, con las manos y las piernas. Sufrimos con el otro, nos sentimos inclinados a ayudarlo y seguimos ese impulso imperativo. Pero, incluso cuando presenciamos el sufrimiento o la felicidad de una persona, reaccionamos solo de manera superficial. Uno «tiene en mente» lo que debe sentir y actúa en consonancia, pero se mantiene distante. Responder en un sentido realista significa que respondo al «objeto» con mis facultades humanas más genuinas, las del sufrimiento, la alegría y la comprensión. No respondo con el cerebro, los ojos o los oídos. Respondo como la persona completa que soy. Pienso con todo el cuerpo y veo con el corazón. Si respondo a un objeto con mis propias facultades humanas, con todo lo que tiene la capacidad de responder, entonces el objeto deja de ser un objeto. Me vuelvo uno con él y ya no soy un mero observador. Dejo de ser su juez. Este tipo de respuesta se produce en una situación de relación perfecta, en la cual la persona que contempla y el objeto contemplado, el observador y lo observado, se convierten en uno, aunque al mismo tiempo sigan siendo dos entidades distintas.

¿Cuáles son las *condiciones que posibilitan la actitud creativa,* esa actitud que consiste en ver y reaccionar, en percibir y tener conciencia de lo percibido? La primera es la capacidad de asombro. Los niños siempre tienen esta capacidad: dirigen todos sus esfuerzos a orientarse en un mundo nuevo, a entender las cosas nuevas para poder conocerlas. La realidad los desconcierta, los sorprende y los llena de dudas, y por eso reaccionan de forma creativa. Sin embargo, una vez que han pasado por el proceso de educación, la mayoría de las personas pierden la capacidad de asombro. Piensan que deberían saberlo todo y que, por tanto, la perplejidad o el desconcierto ante alguna cosa solo demuestran su falta de conocimientos. El mundo deja de estar lleno de maravillas porque se da por sentado. La capacidad de asombro es, pues, la premisa de cualquier creación, tanto en el arte como en la ciencia.

El matemático francés Raymond Poincaré dijo una vez que «el genio científico es fruto del asombro». Muchos descubrimientos científicos han surgido precisamente de esa actitud. El científico observa un fenómeno que otros científicos han contemplado antes que él sin sorprenderse lo más mínimo, sin dejarse impresionar por lo evidente. Él, en cambio, tiene la capacidad de asombrarse, de maravillarse ante la evidencia; lo obvio se convierte en un problema, su mente empieza a trabajar, y así se pone en marcha el proceso de descubrimiento. Es un científico creativo no tanto por su habilidad técnica para resolver algo como por su capacidad para dejarse sorprender por lo que el científico medio da por sentado.

La segunda condición de toda actitud creativa es la capacidad de concentración. Esta es una capacidad que apenas se manifiesta en la sociedad occidental. Todos andamos siempre muy atareados, pero no nos concentramos en nada. Cuando hacemos algo estamos ya pensando en lo que haremos cuando acabemos lo que tenemos entre manos. Siempre que podemos, hacemos varias cosas al mismo tiempo. Mientras tomamos el desayuno, escuchamos la radio, leemos la prensa y a lo mejor hasta charlamos con nuestra familia. Hacemos cinco cosas a la vez, pero en realidad no hacemos nada, sencillamente porque no estamos dejando que se manifiesten nuestras propias potencialidades. Si uno está verdaderamente concentrado, lo que está haciendo en ese momento es lo más importante del mundo. Si estoy charlando, leyendo o dando un paseo, y me concentro en esa actividad, no habrá para mí nada más importante que lo que llevo a cabo en ese instante. La mayoría de la gente vive en el pasado o en el futuro. Pero ni el pasado ni el futuro existen como experiencias verdaderas. Solo existen el aquí y el ahora. Por eso, no puede haber verdadera conciencia ni verdadera respuesta si no es en el aquí y ahora, es decir, cuando me entrego por entero a lo que estoy haciendo, viendo y sintiendo en ese preciso momento.

Al hablar de lo que «yo» hago y siento se nos plantea otro problema: el de la experiencia del propio ser, que es otra condición de la actitud creativa. La palabra *yo* es una de las últimas que el niño aprende a pronunciar, pero, una vez que la ha aprendido, la emplea con ligereza. Por ejemplo, si queremos manifestar nuestra opinión, decimos «yo creo» tal o cual cosa. Sin embargo, cuando se someten a un análisis profundo las opiniones personales, se constata que el individuo solamente está expresando lo que le enseñaron sus padres en la infancia. Se hace la ilusión de que es él quien piensa esto o aquello, cuando en realidad sería más correcto decir que son sus padres quienes piensan por él. Tiene la misma falsa idea que tendría un tocadiscos que, si pudiera pensar, diría: «Ahora estoy reproduciendo una sinfonía de Mozart», cuando todos sabemos que somos nosotros quienes ponemos el vinilo en el tocadiscos y que este solo reproduce lo que se le introduce.

Lo que decimos del pensamiento es válido igualmente para el sentimiento. Por ejemplo, si en una fiesta le preguntamos a uno de los presentes cómo se siente en ese momento, la respuesta más probable será: «Fenomenal, me lo estoy pasando estupendamente». Sin embargo, cuando le vemos salir del festejo, tiene un aspecto triste y cansado y, quién sabe, a lo mejor esa noche sufre una pesadilla. ¿De verdad se lo pasó tan bien como decía? Al principio daba la impresión de que así era: se vio a sí mismo bebiendo, sonriendo y charlando con otras personas que también bebían, sonreían y charlaban, y llegó a la conclusión de que debía sentirse bien y estar tan contento como los demás. Tal vez estuviera triste, aburrido y apático, pero creyó tener los sentimientos que la situación exigía y que se esperaban de él en una ocasión así.

Quien siente realmente su yo, su propio ser, se percibe a sí mismo como el centro de su mundo, como el auténtico generador de sus actos. Esto es lo que para mí significa «ser original». No se trata tanto de descubrir algo nuevo como de experimentar algo que tiene su origen en la propia persona.

Todo ser humano necesita tener un sentido de sí mismo, de identidad personal. Nos volveríamos locos si no tuviéramos ese sentido del «yo». Sin embargo, el sentido de identidad es diferente según la cultura en que vivamos. En las sociedades primitivas, donde el «individuo» aún no ha surgido como tal, el «yo» se experimenta asociado a un «nosotros». El sentido de identidad viene dado por la identificación con el grupo. A medida que el ser humano avanza en el proceso de evolución y toma conciencia de sí como criatura individual, su sentido de identidad se separa del grupo. Como individuo debe ser capaz de adquirir un sentido personal de sí mismo.

Se han difundido muchas ideas erróneas sobre este sentido del «yo». Algunos psicólogos sostienen que la identidad personal no es más que un reflejo del papel social que se atribuye al individuo, una mera reacción a las expectativas que los demás tienen sobre él. Aunque es cierto que, en términos empíricos, este es el tipo de yo que tiene la mayoría de la gente en nuestra sociedad, no deja de ser un fenómeno patológico que provoca inseguridad, ansiedad y una necesidad compulsiva de adaptación. Solo se pueden superar esta angustia y este conformismo compulsivo desarrollando el sentido del «yo» del que he hablado antes, de manera que el individuo se experimente a sí mismo de forma creativa como autor y generador de sus propios actos. Ahora bien, esto no significa que uno se vuelva egocéntrico o narcisista. Al contrario: solo puedo percibir mi «yo» en el proceso de relación con los demás o —para referirnos al tema que nos ocupa— sobre la base de una actitud creativa. Cuando estoy aislado y sin relación con los demás, siento una ansiedad tal que me resulta completamente imposible desarrollar un sentido de identidad y de mí mismo. Lo que experimento en este caso es más bien una sensación de propiedad sobre mi persona. Siento entonces que «mi casa es mi castillo». Aquí mi propiedad soy yo mismo. Todo lo que poseo, incluidos mis conocimientos, mi cuerpo y mi memoria, me constituye. Pero esta no es una experiencia del «yo» en el sentido descrito anteriormente, en cuanto artífice de las experiencias creativas, sino que es un «yo» que se aferra a mi persona como una cosa, como una posesión. El sujeto con esta actitud está, en realidad, prisionero de sí mismo, encerrado en su individualidad y, por lo tanto, inevitablemente abrumado por la angustia y la insatisfacción. Para adquirir un verdadero sentido de sí mismo, ha de salir de su persona. Tiene que dejar de aferrarse a sí mismo como una cosa y empezar a percibir su yo en el proceso de la respuesta creativa; paradójicamente, en este proceso de experimentación del yo, se pierde a sí mismo. Trasciende los límites de su propia persona y, en el mismo momento en que tiene el sentimiento «yo soy», siente también el «yo soy tú»: soy uno con el mundo entero.

Otro requisito de la creatividad es la capacidad para aceptar los conflictos y tensiones que generan las polaridades en lugar de evitarlos. Esta idea está en contradicción con el clima de opinión actual, pues hoy en día se intenta evitar el conflicto siempre que sea posible. Toda la educación moderna tiende a evitar al niño la experiencia del conflicto. Se le facilita todo y se le trata siempre con indulgencia. Las normas éticas se nivelan de tal manera que rara vez se tiene la oportunidad de sentir un conflicto entre el deseo y la norma. Es un error común pensar que el conflicto es perjudicial y que, por tanto, debe ser evitado a toda costa. Lo cierto es justamente lo contrario. El conflicto es la fuente del cuestionamiento personal, del desarrollo de la propia fuerza y de lo que antes se llamaba *carácter*. Si uno evita el conflicto, se convierte en una máquina en la que todos los afectos quedan inmediatamente equilibrados, todos los deseos operan automáticamente y todos los sentimientos quedan atenuados.

Además de los conflictos de carácter personal y, por así decirlo, accidentales, existen también conflictos que están profundamente arraigados en la existencia humana. Me refiero al conflicto que se da en nosotros por el hecho de ser criaturas pertenecientes al reino animal en virtud de nuestro cuerpo, de nuestras necesidades y de nuestra mortalidad y, al mismo tiempo, trascender este reino animal y la propia naturaleza por medio de la conciencia de nosotros mismos, de nuestra imaginación y de nuestra creatividad. Albergamos en nuestro interior todas las potencialidades que el género humano tiene o tendrá jamás y, sin embargo, en nuestra corta vida solo realizamos una parte insignificante de esas potencialidades. Hacemos planes y ajustes y, sin embargo, estamos sujetos a eventualidades que son completamente independientes de nuestra voluntad y nuestra planificación. Ser consciente de estos conflictos, experimentarlos en profundidad y asumirlos no solo en términos intelectuales sino también emocionales es uno de los requisitos previos de la creatividad. Negarlos o experimentarlos solo intelectualmente provoca una experiencia marginal y superficial que excluye la creatividad. A esto hay que añadir que no tratamos únicamente de evitar los conflictos, sino también las polaridades. Estos elementos contrapuestos se dan en muchos ámbitos. A nivel individual, se encuentran las polaridades que vienen del temperamento. En el plano social, la polaridad más importante es la que existe entre hombres y mujeres. ¿Y cómo hemos reaccionado a esta última?

Con nuestra falsa idea de igualdad, que equivale más o menos a una uniformidad, hemos reducido mucho esa oposición. Cuanto más se cosifica al individuo en la sociedad moderna, más se cosifican también los hombres y las mujeres y, por lo tanto, la contraposición entre ellos se reduce cada vez más. Hoy en día, el hombre y la mujer son prácticamente iguales, y la diferencia entre ellos solo es significativa en el plano sexual. En este último, la atracción erótica que surge de la oposición cósmica entre los polos masculino y femenino también reduce mucho su intensidad. El amor se transforma en agradable camaradería y pierde el carácter verdaderamente erótico y apasionado que es la fuente misma de su creatividad. Ciertamente, hemos sido testigos del gran avance experimentado en la sociedad actual gracias a la igualdad de sexos, y también hemos avanzado rápidamente en la consecución de la igualdad racial. Pero no podemos sentirnos totalmente orgullosos de estos logros. Aunque no puede negarse que son buenos para la humanidad en general, los hemos obtenido descuidando las auténticas diferencias y polaridades. Originalmente, la igualdad se entendía en el sentido de que todo individuo es igual a los demás porque tiene importancia en sí mismo y, por lo tanto, no puede convertirse en un medio para los fines de otro.

O, para decirlo en términos religiosos, todos somos hijos de Dios y ningún individuo puede ser nuestro dios o señor. El concepto de igualdad implica que, aun siendo diferentes, todos tenemos la misma dignidad en cuanto seres humanos; que tenemos derecho a desarrollarnos como individuos diferentes, pero que nadie tiene derecho a servirse de las desigualdades humanas para explotar a los demás. Sin embargo, hoy la igualdad significa más bien uniformidad, en el sentido de que uno no debe ser diferente del rebaño, y existe un temor generalizado a que las diferencias entre nosotros puedan poner en peligro el principio de igualdad. Estoy convencido de que solo cuando se supere este punto de vista, cuando la verdadera igualdad sustituya a la uniformización, se podrá desarrollar la creatividad humana.

Esta condición de la creatividad se puede formular también de otra manera, a saber, como la voluntad de nacer de nuevo cada día. En efecto, el nacimiento no es un proceso único que tiene lugar cuando el bebé sale del vientre materno y comienza a respirar por sí solo. Este acontecimiento ni siquiera es tan decisivo como parece desde el punto de vista biológico. Aunque el recién nacido respire por sí mismo, sigue siendo una criatura tan indefensa y dependiente de la madre como antes de nacer, cuando aún formaba parte de su cuerpo. Desde el punto de vista biológico, el nacimiento es un proceso que se despliega en varias etapas. Comienza con la salida del vientre materno, que irá seguida del abandono del pecho, los brazos y las manos de la madre. Cada habilidad recién adquirida —la de hablar, la de caminar, la de comer— implica el abandono de un estado anterior. El ser humano está dominado por una extraña dicotomía. Le da miedo abandonar el estado anterior, en el que se encuentra seguro, pero al mismo tiempo quiere alcanzar un nuevo estado que le permita utilizar sus potencialidades con mayor libertad y plenitud. Cada acto de nacimiento exige el coraje de desprenderse de algo —salir del vientre, dejar el pecho, soltar las manos de la madre—, para renunciar finalmente a toda seguridad y confiar solo en una cosa: en las propias facultades para percibir realmente las cosas y responder a ellas, es decir, en la creatividad personal. Ser creativo significa ver todo el proceso de la vida como un proceso de nacimiento y no considerar ninguna etapa de la vida como definitiva. La mayoría de los seres humanos mueren antes de haber nacido del todo. La creatividad significa nacer antes de morir.

La voluntad de nacer —y esto significa renunciar a todas las «certezas» e ilusiones— requiere valor y fe: valor para renunciar a las certidumbres; valor para distinguirse de los demás y soportar el aislamiento; valor, como dice la Biblia sobre Abraham, para abandonar tierra y familia y partir hacia una tierra desconocida; valor para no preocuparse más que por la verdad, no solo en lo que hace al pensamiento, sino también a los sentimientos. Esta valentía solo es posible si está basada en la fe; pero no una fe como nos gusta entenderla hoy en día —como creencia en una idea que no se puede demostrar científica o racionalmente—, sino como la del Antiguo Testamento, donde la palabra que se utiliza para la fe, *emuná*, significa 'certeza'. Tener la certidumbre de que existe una forma propia de pensar y de sentir, ser capaces de confiar y apoyarnos en ella, eso es la fe. Sin valor y fe no hay creatividad, y, por esta razón, la comprensión y el cultivo del valor y la fe son condiciones indispensables para el desarrollo de la actitud creativa.

Repito: la creatividad, en el sentido utilizado aquí, no es una cualidad que solo puedan alcanzar los artistas o las personas especialmente dotadas, sino una actitud que todo ser humano debe y puede alcanzar. Educar para la creatividad no es otra cosa que educar para la vida.

LA VOLUNTAD DE VIVIR

La cuestión fundamental que aquí se nos plantea es por qué la gente no quiere someterse a las pruebas médicas que permiten detectar el cáncer y otras enfermedades en una fase inicial, cuando haciéndolo podría ahorrarse una patología grave o una muerte prematura. Es algo que nos resulta desconcertante, ya que contrasta muchísimo con la conducta racional que parece dominar la existencia de la mayoría de nuestros contemporáneos.

En los informes médicos pueden encontrarse un sinfín de ejemplos de personas que no tienen la suficiente determinación para cuidar de su vida, a pesar de que en otros aspectos hacen todo lo posible por mantenerse sanas. De todas formas, conviene tener claro desde el comienzo que la falta de protección sobre la propia vida no se manifiesta solo en el campo de la sanidad. De hecho, esa conducta irracional se muestra también en ámbitos tan dispares como el del armamento nuclear y los daños medioambientales. La mayoría de los ciudadanos son conscientes de que la escalada atómica amenaza con destruir por completo nuestro país —en realidad, el mundo entero— y de que se están provocando daños ambientales que pueden acabar con la vida sobre la Tierra, y, sin embargo, no hacen prácticamente nada para poner coto a esas amenazas. Al decir esto, no pretendo negar que se han hecho algunos esfuerzos en ambos sentidos, pero, dada la envergadura de una y otra amenaza, creo que esas tentativas han sido tan inanes como las del individuo a quien se le ha diagnosticado un cáncer y toma aspirinas para curarse. La verdad es que nos enfrentamos a una cuestión que va mucho más allá de la prevención de la enfermedad porque afecta a la propia esencia de nuestra civilización: ¿cómo es posible que, en una cultura tan preocupada por el bienestar y la felicidad del mayor número posible de personas, la gente se comporte como si no le importara vivir o morir?

Una de las explicaciones más relevantes de semejante disonancia podemos encontrarla en la «ilusión de inmortalidad», es decir, en el hecho de que el individuo no cree realmente que vaya a morir y, en consecuencia, no tiene la suficiente motivación para comportarse de manera que pueda evitar el peligro de su muerte. Sin duda, esta es una razón importante y muy comprensible, porque el ser humano siempre puede pensar en su muerte mientras está vivo, pero no puede experimentarla como una posibilidad efectiva. La ilusión de inmortalidad tiene probablemente sus raíces en nuestra propia cultura, donde generalmente se oculta o niega la realidad de la muerte.

Es bien sabido que hoy tendemos a disfrazar la muerte y a hacerla irreal. El cadáver se embellece, el funeral lo lleva a cabo un enterrador profesional y el sepelio se presenta como un acontecimiento social en el que hay que reprimir por decoro las manifestaciones de dolor. Esta negación de la muerte está, en mi opinión, profundamente relacionada con una actitud que impregna toda nuestra cultura: la alienación respecto a la naturaleza. Desde el Renacimiento, la naturaleza ha sido objeto de nuestro dominio. El ser humano se enorgullece de haber conquistado totalmente la naturaleza, generando al mismo tiempo un nuevo mundo creado por él mismo, y haberse vuelto —gracias a la ciencia y la tecnología— tan omnisciente y omnipotente como Dios mismo. La muerte es, en realidad, el único fenómeno que desmiente el mito de nuestro dominio sobre la naturaleza. Nos muestra las limitaciones de nuestra tecnología, y no hay nada más natural que hacer frente a ese fenómeno insoportable por medio de la negación, no negándolo en el plano científico, sino en el ámbito de la experiencia. La muerte y la mortalidad están, por así decirlo, desterradas del lenguaje y de la esfera emocional. El fenómeno de la negación se hace aún más evidente cuando comparamos nuestra actitud ante la muerte con la mantenida por la mayoría de las culturas anteriores, en las cuales el ser humano seguía siendo parte de la naturaleza y no su conquistador.

Otro factor que incide en lo que acabamos de explicar es la estructura particular de nuestra cultura. Es obvio que nuestra sociedad se asienta sobre el interés personal y el reconocimiento implícito del egoísmo. La ideología subyacente es que, cuando el individuo busca su propio beneficio, al final está contribuyendo al bienestar general. La única ocasión en la que este principio queda anulado es en la guerra, donde se manifiesta un grado de solidaridad y responsabilidad mutua que rara vez se encuentra en la paz. Este es un rasgo lamentable de nuestra sociedad desde el punto de vista moral; en cambio, si uno examina las sociedades preindustriales —no solo las medievales, sino también las llamadas sociedades primitivas—, constata que todas ellas se basan en la solidaridad y la empatía con los demás. Cuando faltan estos valores, como sucede hoy en día entre nosotros, por mucho que lo critiquemos, la muerte de nuestros semejantes no nos preocupa de verdad. No sufrimos con ellos, no empatizamos con su destino y solo sentimos que «tuvieron mala suerte». Mi ego me dice que todo eso es muy lamentable, pero que a mí nunca me pasaría algo así. Tengo la sospecha de que detrás de ese «a mí no me va a pasar» se esconde un tremendo egoísmo, que solo puede compararse con la actitud del «después de mí, el diluvio» que adoptan muchos de nuestros contemporáneos con respecto a la próxima generación.

Sin embargo, debemos prepararnos para asumir que todo esto puede deberse a otros motivos, porque es de esperar que un fenómeno tan manifiestamente irracional y tan extendido como este obedezca a múltiples razones y que sea precisamente esa diversidad causal la que le proporciona la fuerza y el dominio que tiene sobre tantas personas. Me gustaría mencionar aquí algunas de estas posibles causas adicionales.

Podría decirse que hoy la gente no disfruta verdaderamente de la vida, y que por ese motivo no hace gran cosa por conservar la suya. Puede que esto resulte contradictorio, ya que a primera vista todo el mundo parece muy apegado a la vida. Pero he llegado a la conclusión de que muchos de los individuos de nuestra sociedad, si no la mayoría, sufren inconscientemente una ligera depresión de carácter crónico y no sienten mucho placer por la vida. Habría que investigar por qué sucede esto y por qué nuestra forma de vida nos pone en una situación que el Antiguo Testamento presenta como el peor de los pecados de los hebreos: «vivir sin alegría en medio de la abundancia». Evidentemente, este no es el lugar para explicar que las causas de este fenómeno se encuentran en nuestra propia estructura social.

Podríamos avanzar un paso más y plantear la idea de que, en contra de lo que parece, existe una gran dosis de destructividad y odio a la vida en la propia persona, que la atracción por lo muerto y lo puramente mecánico constituye un rasgo inconfundible, aunque inconsciente, del individuo contemporáneo. A esta atracción la he llamado *necrofilia*, una palabra que empleó por primera vez el filósofo español Miguel de Unamuno en su análisis del lema fascista «¡Viva la muerte!». Tenemos razones para creer que esa actitud autodestructiva es bastante fuerte en un elevado número de personas, aun cuando no sean conscientes de ello. Se manifiesta con claridad en la creciente violencia ejercida contra los demás, pero, cuando esta se vuelve hacia el interior, cabe esperar que no sea consciente porque entra en contradicción con los valores éticos generalmente aceptados.

Otra hipótesis que podría plantearse es que muchas personas prefieren no hacerse chequeos o pruebas médicas simplemente porque tienen tanto miedo a morir que el mero hecho de que puedan decirles que padecen una enfermedad terminal es para ellas un tabú: no quieren tocar el tema que podría despertar su miedo a la muerte. Esto es algo que no sucede, por ejemplo, cuando tenemos que visitar al odontólogo a causa del dolor en una muela. Puede que algunos no vayan porque temen que el dentista les haga daño, pero sospecho que la mayoría sí que van porque psicológicamente no tienen nada horrible que temer, mientras que la prueba de detección precoz de ciertas enfermedades podría desencadenar su miedo a la muerte. Para demostrar la validez de esta hipótesis, habría que demostrar que las personas tienen por lo general mucho miedo a morir y que consideran la muerte —o, mejor dicho, su propia muerte— un tema tabú. Un ejemplo que viene a confirmarlo es el miedo que sienten muchas personas a hacer testamento. Por esta misma razón, suelen racionalizar conscientemente su propia fobia diciendo que «no se debe tentar al destino». En realidad, hay mucho de superstición en tal actitud: se supone que hay cosas terribles que no deben mencionarse siquiera porque su sola mención podría hacer que ocurrieran de verdad.

A esta hipótesis se le puede plantear la objeción de que mantiene justo lo contrario del argumento expuesto anteriormente: que hoy las personas no muestran el suficiente interés en seguir vivas. Pero, si esto fuera así, ¿por qué habrían de tener tanto miedo a la muerte? Desde mi punto de vista, esa objeción es solo plausible en apariencia, porque no tiene en cuenta la inmensa complejidad de las circunstancias psicológicas que estamos tratando aquí. Tal vez esto quede más claro si recordamos que hay personas que se suicidan porque tienen mucho miedo a la muerte. Aquí nos encontramos con la misma contradicción lógica. Una cosa es que una persona no tenga un fuerte deseo de vivir y otra muy distinta que sienta un miedo espantoso a morir. Para explicar esto necesitaríamos más espacio, pero quisiera hacer al menos hincapié en un punto. El miedo a la muerte es proporcional al sentimiento de no haber estado plenamente vivo, es decir, de haber llevado una vida carente de alegría y de sentido. La persona que se siente verdaderamente viva tiene poco miedo a la muerte porque su identidad reside en su propio ser y en su actividad interior. En cambio, todos aquellos individuos que, como la mayoría en nuestra sociedad, se identifican con lo que tienen (posesiones materiales, posición social, prestigio, poder, etc.) se guían por la consigna «Uno es lo que tiene». Su ser es la suma de todo lo que tienen, y su posesión más preciada es su propia persona. Para ellos, el miedo a la muerte no es tanto el miedo a dejar de estar vivos como el temor a perder lo más preciado que tienen, su persona. Todos los grandes pensadores humanistas de las distintas religiones coinciden en este punto: quienes tienen miedo a la muerte son generalmente los que no se sienten vivos del todo o los que están plenamente satisfechos de sí mismos, mientras que la muerte deja de ser espantosa para aquellos que trascienden su yo.

Para concluir, me gustaría añadir una última hipótesis a las que ya he presentado aquí. La hipótesis es que hay muchas personas que sienten una resistencia y rebeldía inconscientes contra la profesión médica. ¿Por qué habrían de sentir tal cosa?, se preguntan algunos. ¿Acaso no se les procuran los mejores cuidados, no se les salva muchas veces la vida? Este es un argumento que no se sostiene. Lo que sucede es que hay una creciente burocratización en el ejercicio de la medicina: el paciente se convierte en un objeto, en una cosa que ha de pasar por las distintas etapas que imponen los protocolos médicos, y generalmente no se le da suficiente información al respecto. El facultativo conserva algo del misterio inherente a la profesión médica desde tiempos inmemoriales. Se dice que el paciente no está capacitado para juzgar el tratamiento, pero, por otra parte, el médico suele ser muy reacio a las críticas, sean directas o indirectas, y tampoco acepta de buen grado las preguntas. De ahí que el paciente sea cada vez más pasivo: se le enseña a esperarlo todo del especialista y rara vez se le pide que valore su situación por sí mismo y se ocupe de su salud de una forma que no sea meramente superficial. A menudo siente una extraña mezcla de impotencia, manipulación e imposición, por lo que no tiene posibilidad de hacerse valer. ¿No es lógico entonces que, aunque se comporte correctamente en el consultorio o el hospital, fuera desarrolle una profunda resistencia y rebeldía contra el médico? No creo que sea demasiado descabellado suponer que esa resistencia interna que lleva al paciente a ponerse en una especie de huelga, y a decirse «me traen sin cuidado tus recetas y consejos siempre que no los necesite de inmediato», conduce al sabotaje de las buenas intenciones del profesional, que solo quiere ayudarle. La verdad es que no estoy seguro de que esta motivación sea relevante ni de que desempeñe realmente algún papel, pero me parece importante ponerla de manifiesto, sobre todo porque el fenómeno en sí —los conflictos subyacentes en la relación médico-paciente— es a mi juicio uno de los problemas cruciales de la práctica actual de la medicina.

En las líneas anteriores he tratado de esbozar una serie de hipótesis que, tanto aisladas como en conjunto, pueden ser causas significativas de la ilusión de la inmortalidad y, en un sentido más amplio, de la falta de voluntad de algunas personas a la hora de proteger su vida. Como se ha visto, estas observaciones hacen especial hincapié en ciertos hechos sociales; a veces nos hemos basado en supuestos relativos a ciertos mecanismos inconscientes y hemos relacionado el tema con algunas cuestiones críticas de la sociedad contemporánea. Soy consciente de que, dado el tiempo disponible, no puedo hacer más que presentar estas hipótesis para su propia reflexión y consideración, pero convendría discutir cada una de ellas a fondo, utilizando información relevante que permita hacerlas más plausibles de lo que deben de parecer en este momento. No obstante, espero que al menos puedan estimular el debate.

EL SENTIMIENTO DE IMPOTENCIA

El carácter burgués presenta una extraña dicotomía. Por un lado, muestra una actitud muy activa en lo que hace al entorno, que estructura y modifica de manera consciente. La persona burguesa se ha afanado más que cualquier otro de sus antecesores en organizar la sociedad según principios racionales, en modificarla para conseguir la mayor felicidad posible para el mayor número de personas y en implicar al resto de las personas en esos cambios. Al mismo tiempo, ha sometido la naturaleza en un grado nunca visto. Gracias a sus inventos y logros técnicos se han hecho realidad casi todos los sueños albergados alguna vez acerca del dominio del ser humano sobre la naturaleza. Ha creado una riqueza hasta ahora insospechada que, por primera vez en la historia, permite satisfacer las necesidades materiales de todas las personas. Nunca antes ha sido el ser humano tan dueño y señor del mundo material.

Sin embargo, por otro lado, el burgués presenta unos rasgos de carácter radicalmente diferentes. Es cierto que produce las cosas más maravillosas, pero son precisamente sus propias creaciones las que le alienan y amenazan: una vez que las ha realizado, ya no se siente su dueño, sino más bien su siervo. El mundo material se ha convertido en una monstruosidad que marca la dirección y el ritmo de su existencia. El producto de sus manos, destinado a servirle y hacerle feliz, se le ha vuelto extraño, pero él se pliega sumiso e impotente al nuevo estado de cosas; y la misma impotencia experimenta frente al sistema social y político. Quizá a los historiadores del futuro los desconcierte aún más que a nuestra propia generación el hecho de que no se haya producido una movilización masiva para evitar la catástrofe de la guerra por todos los medios. Hasta un niño podía ver que nos dirigíamos hacia una contienda que traería los más terribles sufrimientos, incluso para los vencedores, pero las grandes masas no hicieron nada para frenar los preparativos de guerra, el rearme de los ejércitos, el entrenamiento militar, etc., y a veces hasta los apoyaron. Puede que los historiadores del futuro se pregunten también cómo es posible que, ante las enormes posibilidades de felicidad y seguridad que brindaba el desarrollo industrial, la mayoría se resignara a que no ocurriese nada, contemplando pasivamente cómo se sucedían las crisis y sus breves interludios de prosperidad, cual si fueran obra de fuerzas insondables del destino.

Este ensayo se ocupa solamente de *uno* de los aspectos de la dicotomía que acabamos de explicitar: el sentimiento de impotencia. En la descripción y el análisis del carácter burgués, este sentimiento apenas ha sido examinado. Una de las razones que explican esta desatención es harto evidente: en la persona burguesa —al contrario que en ciertas personas religiosas—, el sentimiento de impotencia no es consciente y, por lo tanto, difícilmente puede percibirse por medio de técnicas puramente descriptivas. Por eso consideramos que una posible forma de avanzar en la comprensión de este fenómeno es partiendo de observaciones como las que permite el psicoanálisis individual. Ciertamente será la psicología social la que deba investigar la universalidad de dicho sentimiento. En cualquier caso, aquí se da un primer paso en el análisis individual, mostrando el mecanismo psíquico que subyace en la formación, las condiciones y los efectos del sentimiento de impotencia sobre el comportamiento de la persona. Las manifestaciones extremas del sentimiento de impotencia solamente se presentan en las personas neuróticas, aunque se pueden percibir fácilmente señales de impotencia en individuos mentalmente sanos de nuestra época. Los casos neuróticos se prestan mejor a la descripción del sentimiento de impotencia y de sus consecuencias porque son mucho más evidentes y, por lo tanto, en lo que sigue nos vamos a concentrar en ellos. La sensación de impotencia se presenta con tanta frecuencia en los individuos neuróticos —y constituye una parte tan importante de la estructura de su personalidad— que podría definirse la neurosis precisamente sobre la base de este sentimiento. En toda neurosis, sea sintomática o de carácter, el individuo es incapaz de realizar ciertas funciones, no puede hacer algo que debería poder hacer, y esta incapacidad va acompañada de una profunda convicción sobre su propia debilidad e impotencia, tanto si esta convicción es consciente como si es una «convicción inconsciente».

En los casos neuróticos, el sentimiento de impotencia se describe más o menos así: no soy capaz de influir en nada, no puedo poner nada en marcha, no puedo conseguir que algo cambie en el mundo o en mí mismo; nadie me toma en serio, soy completamente invisible para los demás. El siguiente sueño de una paciente psicoanalizada constituye un buen ejemplo de la sensación de impotencia:

La mujer pide algo en un bar y paga con un billete de diez dólares. Cuando se termina la copa, le ruega al camarero que le dé el cambio, pero este contesta que ya se lo había dado y que debería revisar su bolso porque tiene que estar ahí. Ella busca y rebusca y, por supuesto, no lo encuentra. El camarero replica en un tono frío y arrogante que, si lo ha perdido, no es problema suyo, que no puede perder más tiempo con eso. La mujer, enfurecida, sale corriendo a la calle para avisar a la policía. El primer agente que ve es una mujer policía, así que se acerca y le cuenta lo que ha pasado. Acto seguido, esta entra en el local y habla con el camarero. Cuando regresa le dice a la mujer, en un tono afable pero impositivo, que no cabe duda de que le han dado el cambio: «Si mira bien, seguro que lo encontrará». Ella, fuera de sí, se dirige a otro policía para que la ayude. Tras escuchar con desgana su relato, este último responde que no puede perder el tiempo con esas menudencias y que sería mejor que se olvidara del asunto. La mujer entonces vuelve a entrar en el local. El camarero, a la sazón apoltronado en un sillón, esboza una sonrisa burlona y le pregunta si por fin se ha calmado. Ella, impotente, se pone hecha una furia.

Los objetos a los que hace referencia el sentimiento de impotencia son muy diversos, pero sobre todo se focaliza en las personas. El individuo tiene la convicción de que no puede influir en los demás, que no puede controlarlos ni conseguir que hagan lo que él quiere. Tales sujetos se sorprenden mucho cada vez que se enteran de que los han tomado en consideración o los han puesto como ejemplo, porque no son conscientes de sus verdaderas habilidades. Un paciente que gozaba de excelente reputación en su campo y era ampliamente citado se sorprendía cada vez que alguien le tomaba en serio y consideraba importante lo que había dicho. Aunque debería haber sabido por su larga experiencia que era en verdad relevante, seguía sintiéndose impotente. Este tipo de personas tampoco creen que puedan ofender a nadie; por eso sueltan comentarios hirientes a diestro y siniestro y no dan crédito cuando el otro se siente molesto. Al analizar esta reacción de sorpresa se constata que la causa reside, precisamente, en la profunda convicción de que nunca se los puede tomar en serio. Estos individuos están convencidos de que no pueden hacer nada para ser queridos o apreciados por los demás. Así pues, no hacen el menor esfuerzo por salir de sí mismos, por comportarse de manera que puedan ganarse el amor y la simpatía de los demás. Al no obtenerlos, sacan la conclusión de que nadie los quiere, y no ven que se trata de una percepción errónea. Aunque piensan que la causa se halla en sus propios defectos o en alguna clase de infortunio, en realidad es su incapacidad para esforzarse por obtener el amor del otro lo que provoca la situación que lamentan. Como no creen que puedan hacer nada para ser amados, concentran toda su atención en sus cualidades físicas o naturales. Los inquieta no ser lo bastante inteligentes, guapos o buenos para atraer a los demás. La pregunta es siempre: «¿Soy inteligente, guapo, etc., o no lo soy?». Se afanan en averiguarlo porque en su mente no hay posibilidad alguna de cambiar por sí mismos. El resultado suele ser un profundo sentimiento de inferioridad por no reunir las cualidades necesarias para ser digno de amor. En su afán de reconocimiento y estima personal, sucede más o menos lo mismo. Este tipo de personas piensan compulsivamente en si tendrán las habilidades necesarias para suscitar la admiración de los demás. Sin embargo, su sentimiento de impotencia les impide esforzarse en trabajar, en aprender o producir algo que los demás valoren o admiren de verdad. Como resultado, tienen una percepción de sí mismos que oscila entre las ideas grandiosas y una sensación de absoluta inutilidad.

Otra consecuencia importante del sentimiento de impotencia es la incapacidad para defenderse de los ataques. Si se trata de ataques contra la integridad física, el individuo tiene una acusada sensación de desvalimiento personal. Por este motivo, muchas veces no se vale de sus propias fuerzas cuando se encuentra en peligro, se queda como paralizado y ni siquiera se le ocurre que puede defenderse por sí solo. En la práctica, la incapacidad defensiva frente a las amenazas físicas es mucho menos importante que la incapacidad de defensa frente a los ataques verbales. En estos casos se observa que las personas simplemente aceptan cualquier crítica que se les dirija, aun cuando no esté justificada, y son incapaces de ofrecer contrargumentos. A veces saben perfectamente que se las está criticando sin fundamento alguno, pero no pueden decir nada en su defensa. Sin embargo, otras veces sienten un desamparo tan grande que ni siquiera se dan cuenta de que son criticadas injustamente y, en su fuero interno, asumen el reproche como algo plenamente justificado. Esta misma incapacidad defensiva suele encontrarse también en la reacción del individuo a toda clase de insultos y humillaciones. En tales casos, el comportamiento fluctúa entre la incapacidad para responder adecuadamente a la ofensa y la aceptación voluntaria del insulto por creer que el otro tiene derecho y razones para humillarlo. Muchas veces solo es consciente de la injusticia o vileza de un reproche cuando ya han pasado horas o días del incidente. A los afectados se les ocurren entonces todos los argumentos que podrían haber utilizado para refutar la crítica o el tipo de groserías que podrían haber soltado en respuesta al insulto. Se representan la situación una y otra vez, piensan en lo que deberían haber dicho y sienten una furia tremenda, unas veces contra el otro, otras veces contra sí mismos, pero al final se sentirán igual de paralizados y desvalidos en el próximo ataque que reciban.

La sensación de impotencia se experimenta con respecto a personas, pero también con respecto a cosas. En este caso, las personas se sienten completamente indefensas en cualquier situación con la que no estén familiarizadas. Puede ser que no se vean capaces de orientarse en una ciudad extraña, o que cuando su coche se avería no sean capaces de hacer el menor esfuerzo por localizar el problema, o que en una excursión en la que tienen que saltar un pequeño arroyo se queden completamente paralizadas, o que sean incapaces de hacerse la cama o de cocinar algo cuando lo imponen las circunstancias. Las reacciones torpes o poco prácticas suelen tener su origen en el sentimiento de impotencia. De hecho, creemos que el miedo a las alturas podría venir de este mismo sentimiento.

El sentimiento de impotencia se manifiesta también en relación con la propia persona. Podría decirse que este es, en realidad, el más importante para el individuo. En este plano, uno de los indicadores más relevantes es la indefensión frente a las pulsiones y los miedos manifiestos. Estos sujetos se ven completamente incapaces de controlar sus impulsos o temores. Su lema responde siempre al mismo patrón: «Yo soy así y no puedo hacer nada para cambiarlo». Nada les parece más imposible que el cambio de sí mismos. Pueden pasarse la vida lloriqueando y quejándose de lo terrible que es tener tal o cual defecto, o mostrarse conscientemente dispuestos al cambio, pero al someterlos a un análisis profundo resulta que solo están aferrándose con mayor ahínco a la convicción de que no pueden cambiar por sí solos. En algunos casos, la discrepancia entre esta convicción inconsciente y las acciones compensatorias es verdaderamente grotesca. Algunos cambian continuamente de terapeuta o de creencias religiosas o espirituales, otros conciben cada semana un nuevo plan para cambiar, y aun hay quienes confían en que una nueva relación amorosa traiga aparejado el gran cambio; pero todo este ajetreo y esfuerzo consciente no es más que la pantalla tras la que esconden su profundo sentimiento de impotencia.

Como ya hemos apuntado, estos individuos no creen que puedan hacer valer sus deseos ni conseguir nada por sí solos. Están siempre a la espera de algo, pero tienen el profundo convencimiento de que no pueden hacer nada para conseguirlo. Muy a menudo, la sensación de impotencia llega a tal extremo que ellos mismos renuncian a desear o querer nada; es más, ni siquiera saben lo que realmente quieren porque piensan primero en lo que los demás esperan de ellos. Sus decisiones, por ejemplo, adoptan la forma de una meditación circular: piensan que, si dan tal paso, su mujer se enfadará y, si dan el otro, será su padre quien se enoje. Al final, deciden en función del enfado de quien les infunde menos miedo, pero no se plantean qué es lo que más les gustaría hacer a ellos. La consecuencia suele ser que estas personas, consciente o inconscientemente, tienen la sensación de que los demás abusan de ellas, lo cual las enfurece, y no se dan cuenta de que son ellas las que permiten tales abusos.

El grado de consciencia del sentimiento de impotencia varía tanto como su intensidad. En muchos casos se trata de un sentimiento consciente, pero por lo general se trata de individuos afectados por una neurosis severa, en los cuales el desempeño y el funcionamiento social se encuentran tan deteriorados que no se sienten obligados a disimular el sentimiento de impotencia. Difícilmente se puede sobrestimar el sufrimiento psíquico que lleva aparejada la sensación de impotencia plenamente consciente. En estos casos, el individuo suele experimentar una profunda angustia y el sinsentido de su propia vida. No obstante, en las neurosis graves se dan también estos mismos efectos cuando el sentimiento de impotencia es inconsciente. A menudo se requiere un largo trabajo analítico para elevar a la conciencia el sentimiento de impotencia y relacionarlo con sus síntomas. Sin embargo, la terapia suele mostrar que, aunque este sentimiento sea consciente, solo lo es en una pequeña medida. Por lo general, resulta que la profunda angustia que acompaña a la sensación de impotencia hace que esta acceda a la conciencia en una forma muy atenuada. Para superar este tormento, el individuo recurre a una serie de racionalizaciones que supuestamente justificarían el sentimiento de impotencia. Las justificaciones más importantes serían aquellas en que la impotencia se atribuye a deficiencias físicas. Estas personas insisten en que son físicamente débiles, en que no pueden hacer ningún esfuerzo, que tienen tal o cual problema corporal y están «enfermas». De este modo consiguen achacar el sentimiento de impotencia, que en realidad tiene raíces psíquicas, a defectos físicos de los que no se las puede culpar y que, en principio, no se pueden subsanar. Otra de las racionalizaciones en las que se amparan es la convicción de que se han visto muy afectadas por ciertas experiencias vitales que las han privado de toda su actividad y valor. Ciertos acontecimientos de la infancia, una relación desdichada, una crisis económica, las decepciones experimentadas con los amigos..., se ven como las causas de la propia impotencia. Un burdo malentendido de la teoría psicoanalítica ha facilitado en cierto modo estas racionalizaciones. Por eso algunas personas atribuyen su impotencia al hecho de que su madre les diera una azotaina a los tres años de edad o que un hermano mayor se burlara de ellas cuando no contaban más de cinco.

Hay otra forma de racionalización que a menudo resulta muy perniciosa: la tendencia a acumular problemas en la imaginación o en la propia realidad, de manera que, ante tal cúmulo de dificultades, el sentimiento de impotencia se presenta como algo comprensible. Veámoslo con un ejemplo: pongamos que un funcionario debe redactar un informe y se siente incapaz de acometer semejante tarea. Al sentarse ante su escritorio y darse cuenta de su debilidad, se le pasan por la cabeza un montón de cosas: que le aterroriza perder el trabajo, que su mujer está enferma, que un buen amigo suyo se enfadará muchísimo por no haberle escrito durante tanto tiempo, que hace un frío horrible en aquella habitación..., hasta que al final ha tomado forma en su imaginación una situación tan lamentable y desesperada que el sentimiento de impotencia parece una capitulación natural y completamente adecuada a tan grandes dificultades. El efecto es aún más desastroso cuando la tendencia a agravar las circunstancias no se limita a la imaginación, sino que se extiende a la propia conducta. La persona entonces tenderá a ponerse enferma de verdad, a provocar a su jefe para que la despida, a pelearse con su cónyuge para que reine la discordia en el hogar, y, cuando haya logrado todo esto, se sentirá plenamente justificada al ver que su impotencia se debe a las insoportables condiciones externas. Ciertamente, la tendencia a infligirse sufrimiento en el ámbito de la imaginación o de la realidad, a hacerse débil y desgraciado, tiene otras raíces. Examinar este punto nos llevaría al problema del masoquismo, en el que no podemos entrar aquí (véanse a este respecto Fromm, 1936a, y Horney, 1937). Pero no cabe duda de que la racionalización del sentimiento de impotencia es uno de los factores que hacen que aumente —imaginaria o realmente— el propio sufrimiento.

Cuando el sentimiento de impotencia es menos consciente que en los casos que acabamos de comentar se presentan racionalizaciones muy diferentes. Ya no se trata de justificaciones, sino de racionalizaciones reconfortantes, que sirven para aumentar la esperanza de que la propia impotencia es solo temporal. Las dos formas más importantes de racionalizaciones reconfortantes son la creencia en los milagros y la fe en el tiempo. La primera gira en torno a la idea de que, en el momento en que se produzca cierto acontecimiento, la impotencia del individuo desaparecerá y todos sus deseos de éxito, poder y felicidad se verán satisfechos. Esta creencia se presenta de maneras diversas. A menudo se espera que alguna modificación en las condiciones externas de la vida provoque un cambio en la existencia misma, ya sea una nueva relación amorosa, el traslado a otra ciudad, un cambio de piso, un traje nuevo, un nuevo año o, simplemente, una nueva hoja de papel en la que se podrá trabajar mejor. Entre las personas religiosas, la creencia en los milagros adopta a veces la forma de una súbita intervención de Dios en su destino. Otras veces se cree que son otros quienes pueden cambiar la fortuna del individuo. Un ejemplo muy común (que ya hemos mencionado antes) son las personas que van de un terapeuta a otro, esperando que el analista de turno obre el milagro. Lo que tienen en común todas estas ilusiones reconfortantes es que no se necesita hacer nada para conseguir el éxito deseado, sino que una fuerza o elemento ajeno a la persona consigue de repente lo que esta desea.

Una variante de esta creencia en los milagros es la sustitución de los factores causales por acciones mágicas que proporcionan a la conciencia la ilusión de su propia actividad. El acto mágico puede venir de actividades de todo tipo. Ya sea dar limosna a un mendigo, visitar a una tía anciana, hacer lo debido con la mayor diligencia o contar hasta noventa antes de empezar a trabajar, la expectativa es siempre la misma. Si hago esto o aquello, todo saldrá como deseo. Como en todos los actos mágicos, un vínculo causal que solo existe en la mente del sujeto ocupa el lugar de la influencia objetiva. A menudo, el individuo ni siquiera es consciente de estar realizando una acción concreta como si fuera mágica; en los casos de neurosis obsesiva, el gesto mágico puede degradarse hasta convertirse en un ceremonial de lo más tortuoso. Uno de los rasgos característicos de la neurosis obsesiva radica, precisamente, en la intensidad del sentimiento de impotencia y el gesto mágico que permite superarlo.

En la fe en el tiempo, falta el momento del cambio repentino. En vez de eso, existe la expectativa de que, «con el tiempo», todo se solucionará por sí solo. Se espera que el tiempo resuelva los conflictos que uno es incapaz de resolver, con lo cual no tendrá que arriesgarse a tomar una decisión. La fe en el tiempo es especialmente común en lo que hace a los propios logros. Las personas que no consiguen lo que desean, pero que no se preparan para obtenerlo, se consuelan pensando que aún tienen mucho tiempo por delante y que no hay razón para apresurarse. Un buen ejemplo de ello es el escritor talentoso que se propone escribir un libro que va a revolucionar la historia de la literatura y que no hace más que albergar ideas sobre lo que quiere escribir, fantasear sobre el efecto que tendrá su libro y decir a sus amigos que lo tiene casi terminado. En realidad, no ha escrito ni una línea, pese a llevar siete años «trabajando» en él. Cuanto más envejecen estas personas, más desesperadamente se aferran a la ilusión de que las cosas sucederán a su debido tiempo. A muchos, llegar a cierta edad —a menudo en torno a los cuarenta— los hace tomar conciencia, renunciar a las ilusiones y esforzarse por hacer uso de sus propias habilidades; en otros, se puede producir un colapso neurótico porque la vida se les vuelve insoportable sin la reconfortante ilusión del tiempo.

Si el sentimiento de impotencia sigue siendo vagamente consciente en las racionalizaciones reconfortantes, pero se suaviza su punzada con la esperanza de verlo superado, hay otro tipo de reacción que va aún más lejos en la supresión de la impotencia. En este caso queda reemplazada por un comportamiento sobrecompensatorio y por racionalizaciones de enmascaramiento. El tipo de sobrecompensación más común es el del ajetreo constante.

Vemos como las personas que han reprimido un profundo sentimiento de impotencia están particularmente activas y atareadas, hasta el punto de que se presentan ante sí mismas y ante los demás como el ejemplo contrario de la impotencia. Estas personas siempre han de hacer algo. Cuando sienten que su posición está amenazada, no se comportan como hemos descrito anteriormente, amontonando problemas para demostrarse a sí mismas su propia incapacidad, ni se deleitan con ideas fantasiosas sobre el milagro que habrá de salvarlas, sino que empiezan a correr de un lado para otro, haciendo esto y aquello, y dando la impresión de una actividad inaudita para conjurar el peligro. Si tienen que escribir un artículo, no se sientan frente a su escritorio dejando vagar la mente, sino que piden docenas de libros a la biblioteca, consultan con todo tipo de expertos cuya opinión pueda ser relevante, hacen viajes para estudiar ciertos problemas, y así se protegen de la percepción de su propia impotencia para realizar el trabajo requerido. Otra forma de supuesta actividad es la que se presenta en cosas como la frecuentación excesiva de clubes y asociaciones, la continua preocupación por los demás o, simplemente, en los juegos de cartas o las largas conversaciones mantenidas con personas conocidas. A menudo resulta muy difícil trazar la línea que separa esta actividad aparente de la real. En términos generales, se podría decir que el ajetreo del individuo siempre se refiere a elementos incidentales y secundarios con respecto al problema que debe acometer, y que toda esa actividad no tiene relación alguna con la tarea en cuestión. En el caso del neurótico, el contraste entre la verdadera actividad y el ajetreo es mucho más fácil de reconocer que en las personas sanas y adaptadas a la realidad. Estas últimas muchas veces tienen que resolver problemas que no requieren más que una cierta rutina y que no exigen una actividad frenética. El individuo medio de la sociedad burguesa se enfrenta a tareas y problemas que se le ha enseñado a resolver de forma rutinaria y, como no se espera otra cosa de él, la conciencia de su verdadera impotencia nunca llega a ser tan angustiosa como para tener que encubrirla con una actividad personal llevada al extremo. Lo que según las normas sociales es mera actividad puede ser percibido interiormente como ocupación excesiva, y a menudo no habrá acuerdo en si un comportamiento específico debe atribuirse a una categoría o a la otra.

Una reacción más drástica contra el sentimiento de impotencia es el afán de controlar y dominar cualquier tipo de situación, aunque por regla general este deseo queda limitado al ámbito de la imaginación. El individuo se deleita con ideas fantasiosas sobre su capacidad para dirigir tal o cual empresa superando a los dirigentes reales, o se imagina a sí mismo como dictador de una nación o de toda la humanidad y se deja llevar por tales fantasías. También puede suceder que no llegue a albergar unas quimeras tan elaboradas, sino que sus ideas de grandeza sean vagas y menos conscientes. En estos casos, a menudo solo se encuentra la expectativa del individuo de ser superior a todas las personas con las que se relaciona, o, si esta expectativa se halla reprimida, una reacción de rabia cuando entra en contacto con personas a las que no puede imponer su superioridad. Si esta reacción de ira también se reprime, por lo general solo se manifiesta una cierta inhibición y timidez frente a los que pueden imponer su rango. Aunque las ideas de grandeza pueden ser más o menos elaboradas y más o menos conscientes, su aparición e intensidad, sobre todo entre los miembros de las clases medias y, en particular, entre los intelectuales, difícilmente pueden ser sobreestimadas. Como la gente siempre acaba saliendo de tales ensoñaciones, estas no llegan nunca a compensar el sentimiento de impotencia. Pero la historia es muy distinta cuando el deseo de control y dominio no se limita a la imaginación, sino que se manifiesta en la propia conducta.

Cuando el poder efectivo a pequeña escala consigue sustituir a la impotencia experimentada a gran escala, se establece un equilibrio que puede durar toda la vida. Los ejemplos más comunes son los de hombres como los que encontramos en la pequeña burguesía europea, quienes muestran una impotencia absoluta en su vida social y económica, pero tienen un intenso deseo de poder y control sobre sus esposas, hijos y quizá el perro, y son capaces de realizar y satisfacer dicho deseo. En las personas neuróticas no suele darse esta división del mundo en una esfera de impotencia y otra de poder absoluto. El neurótico experimenta el deseo de controlar y dominar cualquier situación, incluso cuando resulta imposible satisfacerlo. Le resulta insoportable tener un superior, está convencido de que entiende y puede hacerlo todo mejor, quiere manejar cualquier conversación y dominar a los demás en cualquier ámbito. Debido a este exacerbado deseo de control y dominio, situaciones que para otras personas no demostrarían su incapacidad en absoluto se presentan para el neurótico como vergonzosas derrotas. En casos extremos, hoy bastante frecuentes, cualquier situación en la que no esté dirigiendo y dominando supone una derrota y una prueba de su impotencia. Estamos, por tanto, ante un círculo vicioso: el deseo intensificado de control y dominio es al mismo tiempo una reacción al sentimiento de impotencia y la raíz misma de su intensificación.

La represión del sentimiento de impotencia, como la de cualquier otro, lo elimina de la conciencia, pero no impide que exista y tenga ciertos efectos. Aunque el carácter de tales efectos depende de la consciencia o inconsciencia de dicho sentimiento, su fuerza estará en relación directa con la intensidad de este último.

La consecuencia más importante y más extendida del sentimiento de impotencia es la rabia; una rabia que estará especialmente marcada por la sensación de desamparo. A diferencia de otras clases de furia, esta no busca la destrucción manifiesta e intencionada de la otra parte, sino que es mucho más vaga e indefinida, aunque también más destructiva, puesto que va dirigida contra los demás y contra uno mismo. En los niños se expresa a menudo en forma de pataletas; en los adultos, en llanto, pero a veces también en un ataque de cólera que carece de cualquier finalidad y relación con el acto original. Sin embargo, la rabia impotente no suele ser consciente. A menudo se sustituye por una actitud desafiante y obstinada, y este empecinamiento puede ser bastante consciente. Es el que manifiestan las personas incapaces de obedecer una orden, que siempre plantean objeciones, que nunca están satisfechas, etc. La rebeldía también puede ser inconsciente, y entonces suele surgir un cuadro de inhibición general. En estos casos, las personas tienen toda la intención de ser activas y de hacer lo que los demás esperan de ellas y lo que ellas esperan de sí mismas. Pero, pese a su buena voluntad, se muestran poco entusiastas, malhumoradas e incapaces de tomar la iniciativa. Si la rabia y la rebeldía no solo se reprimen, sino que se eliminan de raíz, entonces se encuentra a menudo una reacción que se expresa en forma de amabilidad y conformidad excesivas.

La consecuencia de la rabia es siempre la angustia: cuanto más se reprime la rabia, más angustia se siente. No podemos entrar aquí en los mecanismos responsables de ello, pero conviene tener presente que el factor crucial es la proyección de la rabia en los demás. Para mantener la propia ira, se genera un sentimiento que respondería al lema: «No estoy enfadado con los demás, sino que ellos están enfadados conmigo». Como resultado, el individuo se siente odiado o perseguido por sus congéneres, y la consecuencia de ello es la ansiedad. Además, esta ansiedad es alimentada por el propio sentimiento de impotencia. La sensación de no poder imponer las propias metas y, sobre todo, de hallarse indefenso ante los ataques de los demás genera necesariamente más ansiedad. El sentimiento de impotencia crea angustia, pero la angustia, a su vez, refuerza la impotencia. En muchos casos, este círculo vicioso es el responsable de que el sentimiento de impotencia se haga cada vez más fuerte en lugar de desaparecer gradualmente, y de que a cada paso, por así decirlo, la gente se hunda más en el fango.

Las sesiones psicoanalíticas son un espacio particularmente favorable para observar el sentimiento de impotencia y las diversas formas de ocultarlo o de intentar superarlo. Algunos de los analizados insisten una y otra vez en que no pueden cambiar porque ya son demasiado viejos, porque la neurosis les viene de familia, porque no tienen tiempo para llevar a cabo un análisis lo bastante largo, o por cualquier otra excusa que les permita racionalizar esa supuesta imposibilidad de cambiar. Los casos en que se expresa abiertamente la sensación de impotencia y de desesperanza ante las tentativas del psicoanálisis no son tan frecuentes como aquellos en los que se imponen sobre la conciencia un cierto optimismo y unas expectativas positivas. El analizado tiene la sensación de que quiere y puede cambiar, pero al examinarlo con detenimiento se descubre que no espera ni mucho menos poder hacer algo al respecto. Lo que ansía es que el analista, o, mejor dicho, «el análisis», lo resuelva todo por él y que, por tanto, se pueda someter de manera pasiva a todo ese proceso. Su verdadera incredulidad ante cualquier tipo de cambio suele quedar enmascarada por las racionalizaciones reconfortantes expuestas anteriormente. Espera que, si se descubre el «trauma infantil» que sufrió en su momento, se produzca como por ensalmo una profunda transformación en su interior. O bien se prepara para un psicoanálisis de larga duración, y después de cinco años de sesiones infructuosas llega a la conclusión de que el análisis no ha sido lo suficiente largo para cambiar nada. En el marco psicoanalítico encontramos también manifestaciones de encubrimiento y sobrecompensación. Estos analizados acuden con la máxima puntualidad a sus consultas, leen toda la literatura disponible, hablan de la terapia con amigos y conocidos e introducen tal o cual ajuste en su vida porque es «bueno para el análisis», pero si hacen todo esto es porque quieren ocultarse a sí mismos que ni están preparados ni son capaces de cambiar nada en los aspectos fundamentales de su personalidad. El comportamiento tomado como «gesto mágico» está muy relacionado con lo que acabamos de exponer. Los analizados que adoptan esta forma de conducta se esfuerzan en «hacerlo todo bien». Siguen al pie de la letra las instrucciones del analista, y cuantas más normas y pautas se les ofrecen, más satisfechos están. Tienen la sensación de que, si siguen con precisión el ritual analítico, esta obediencia se traducirá como por ensalmo en un cambio de su personalidad.

Llegados a este punto, me permitirán que haga una breve digresión sobre una cuestión que afecta a la técnica analítica. Si nuestra suposición inicial es correcta y efectivamente el sentimiento de impotencia está presente en muchas personas de nuestra sociedad, aunque no sea más que de forma leve, entonces es natural que aparezca también en algunos psicoanalistas. En tal caso, no solo el paciente estará convencido de que no puede cambiar, sino que el analista mantiene igualmente la convicción —aunque de manera inconsciente— de que no se puede influir en nadie. Detrás de su optimismo profesional se esconde una profunda incredulidad ante la posibilidad de cualquier influencia que haga cambiar al individuo. Casi le da miedo admitir que la terapia analítica influye en las personas. Por supuesto, no debería tratarse de una influencia en el sentido de imponer ciertas opiniones o ciertos actos. Pero a veces olvidamos que toda curación, como todo proceso formativo, presupone siempre una influencia y que, si se quiere impedir a toda costa ese influjo, no hay posibilidad de que la terapia salga bien. La ocultación del propio sentimiento de impotencia por medio de un gesto mágico juega un papel importante en algunos analistas. Para ellos, al igual que para algunos pacientes, la realización correcta del ritual analítico parece ser el quid de todo el procedimiento. Si han seguido a rajatabla todas las consignas de Freud, creen haber hecho todo lo posible, y su verdadera impotencia para influir en el paciente no tiene por qué hacerse consciente. Podemos suponer que la importancia que tiene el ceremonial analítico para estos analistas se debe en última instancia a su propio sentimiento de impotencia. El ceremonial se convierte en un sustituto mágico de la influencia efectiva sobre el paciente.

A la hora de analizar el origen del sentimiento de impotencia, nos encontramos con las mismas dificultades que en otros fenómenos psíquicos. Nunca existe un solo elemento que pueda presentarse como la «causa» primigenia del fenómeno en cuestión. Para comprender bien los elementos que originan este mecanismo psicológico en particular, hay que tener presentes el conjunto de circunstancias externas en las que se mueve la vida de la persona, así como la complicada dinámica de su estructura de carácter, que se desarrolla en reacción al mundo exterior. Exponer los factores causales del sentimiento de impotencia, incidiendo sobre todo en la relevancia del masoquismo, excede el propósito de este ensayo. En líneas generales, consideramos que está metodológicamente justificado describir un mecanismo inconsciente y examinar las diversas implicaciones de dicho mecanismo en materia de racionalizaciones, formas reactivas, etc., sin analizar al mismo tiempo todos los factores *causales* de esa tendencia inconsciente. Como vamos a tratar algunos de ellos más adelante, aquí solo nos ocuparemos de aquellas circunstancias que hacen surgir *al instante* un sentimiento de impotencia o que refuerzan una impotencia ya existente. Pero, incluso con esta restricción, las condiciones originarias se describen solo de una forma somera.

Al explicar el sentimiento de impotencia y sus consecuencias, nos hemos centrado en sus manifestaciones neuróticas en lugar de en las «normales» porque ofrecen una imagen más clara de dicho sentimiento. Para describir las condiciones que provocan su aparición, resulta más adecuado poner el foco en aquellos condicionantes que generalmente existen en la sociedad burguesa y que, cuando se exacerban en el individuo, provocan un aumento de los síntomas neuróticos del sentimiento de impotencia que hemos mostrado anteriormente, al tiempo que se analiza cómo esos condicionantes pueden ser también la causa del sentimiento normal de impotencia en el carácter burgués.

Cabe esperar que un sentimiento tan profundo e intenso como el de la impotencia no se desarrolle por sí solo en la madurez, sino que sean las experiencias de la primera infancia las que provoquen su aparición. Esta expectativa se confirma del todo cuando se observa la situación del niño en la familia burguesa desde la perspectiva que aquí nos interesa. El comportamiento del adulto con respecto al niño se caracteriza por el hecho de que no suele tomarlo en consideración. Es algo que se evidencia en aquellos niños que no son bien atendidos o que no reciben la atención debida. Los padres tienen la opinión plenamente consciente de que el niño no cuenta: quieren suprimir la voluntad y la personalidad del pequeño porque para ellos no es más que un instrumento involuntario de sus deseos y no tiene nada que decir en ningún asunto. En casos extremos se le castiga cuando se atreve a manifestar un deseo personal, pero la idea de que el niño pueda determinar algo, influir en las decisiones paternas o lograr algo de forma independiente es completamente inconcebible para estos individuos.

Menos visible, pero no por ello menos relevante, es la forma en que la complacencia y el consentimiento excesivo ocultan la falta de consideración del niño por parte de los padres. A estos niños se los resguarda y protege, pero el desarrollo de sus propias facultades se encuentra prácticamente paralizado, y a veces ni siquiera son conscientes de tenerlas. Se satisfacen todas sus necesidades, se les permite pedir cualquier cosa, decir lo que les plazca, pero en realidad su situación es básicamente como la de un príncipe cautivo. También tienen todos los placeres en abundancia y muchos sirvientes a los que dar órdenes. Y, sin embargo, todo es irreal, como de otro mundo, pues sus órdenes solo son válidas en la medida en que no trasciendan los límites de su prisión. Todo su poder es una ilusión que puede mantener mucho mejor cuando deja de pensar que es un prisionero y no desea siquiera ser libre. En efecto, puede pedir a sus criados que estén a su entera disposición, pero si les ordenara abrir la puerta del castillo en donde está encerrado, harían oídos sordos. Entre los casos extremos de consentimiento excesivo y el caso habitual del niño tratado «con cariño», la única diferencia es el grado en que no se toma en serio al pequeño. La característica común de todos estos casos es que el niño no tiene derecho a imponer, lograr o cambiar nada. Puede conseguir buena parte de lo que quiere siendo bueno y portándose bien, pero no puede obtener nada que no se le dé y tampoco puede lograr nada sin la intervención de un adulto.

La falta de toma de consideración del niño no suele manifestarse de forma drástica ni especialmente llamativa. Para percibir la influencia que los adultos quieren ejercer en estos casos, hay que fijarse en rasgos muy sutiles de su comportamiento. Un leve rictus de sonrisa cuando el niño dice o hace algo de manera independiente puede tener un efecto tan devastador como los intentos más burdos de doblegar su voluntad. De hecho, es frecuente que, cuando los padres se muestran hostiles, el niño desarrolle una rebeldía interna que le permite romper con ellos y conducirse de forma independiente; en cambio, la exhibición de una conducta amable impide que el niño desarrolle una oposición de principio y solo lo hace más indefenso e impotente. No es raro encontrar en los análisis individuos que recuerdan la rabia e impotencia que sintieron de niños cuando los acompañaban al colegio más tiempo del necesario, cuando se los ayudaba a vestirse, cuando no se les permitía elegir la ropa que querían llevar o cambiar la que llevaban por prendas más abrigadas o más ligeras. La falta de consideración del niño por parte de los adultos se expresa también en otras conductas típicas: promesas que no se cumplen, preguntas que no se toman en serio o se responden sin ninguna sinceridad, órdenes que se dan sin explicar el motivo... Todo esto puede hacerse con la mejor de las intenciones, pero el niño se queda con la sensación de que nunca es tomado en consideración y que, en esencia, puede hacerse cualquier cosa en contra de su voluntad. Incluso cuando se cumplen las promesas o se dan respuestas, y el adulto está convencido de que su comportamiento demuestra una amabilidad o concesión especiales, el niño sigue teniendo la misma impresión. Solo se siente tomado en serio cuando el adulto se ve obligado a ser tan sincero y digno de confianza como lo es con otros adultos a los que respeta. Hay un objeto en particular que siempre hemos visto como el símbolo perfecto de la situación del niño que aquí se examina: el teléfono de juguete. Parece un teléfono de verdad: el niño puede descolgar el auricular y marcar un número, pero no conecta con nadie.

Al pequeño le es imposible comunicarse con nadie; pese a que hace exactamente lo mismo que el adulto cuando utiliza el teléfono, su acción no surte ningún efecto, no tiene ninguna influencia. (En la teoría y la práctica pedagógicas modernas, existen enfoques que, con la aplicación de ciertas pautas, consiguen que el niño se sienta tomado en cuenta; pero no podemos entrar a discutir la eficacia de tales pautas.)

Aunque los ejemplos extremos de la falta de consideración del niño se deben a circunstancias individuales, la actitud que hemos descrito tiene sus raíces en las condiciones sociales y la configuración mental determinada por ellas. El primer factor que hay que considerar en lo que hace al niño es su profundo distanciamiento con respecto a la realidad de la vida; un distanciamiento que es mucho menor en el caso de los niños de origen proletario o campesino. Al de familia burguesa se le protege al máximo para que no entre en contacto con la dura realidad; por ello, su mundo adquiere inevitablemente un carácter ilusorio, como si perteneciera a otra esfera. A este niño se le enseña a desarrollar las virtudes de la modestia, la moderación y la caridad. Para la mayoría de la gente es necesario que uno se muestre complaciente, que reduzca su propia pretensión de felicidad y que, en la medida de lo posible, encarne de verdad esas virtudes. Sin embargo, en el pequeño grupo formado por los individuos emprendedores y los triunfadores de todo tipo, no se aplican estas reglas. Ellos deben ser exigentes y despiadados si quieren tener éxito. Cuando se hacen mayores, los hijos de la «élite» descubren el secreto para ser exitosos: han de olvidarse de todo lo que se enseña a los niños. Es muy posible que las grandes masas no consigan descubrirlo. Por eso, la mayoría de la población sigue confundida toda la vida y no entiende lo que realmente ocurre en la sociedad. Para muchos, la contradicción entre el afán de éxito y la necesidad de cumplir con los ideales que les enseñaron de pequeños trae como consecuencia la enfermedad de la neurosis. Si los padres consideran que el niño no puede ser tomado en serio es porque para ellos no es más que una criatura sin conocimiento, es decir, el niño no entiende nada de las reglas de la vida.

A pesar de las doctrinas que defienden lo contrario, a los enfermos y los ancianos tampoco se los toma en consideración. En la sociedad burguesa, el valor de una persona se basa en su poder económico. El grado de respeto que se le muestra depende del alcance de su capacidad económica. Las personas sin recursos son en última instancia humanamente irrelevantes. Si se observa más de cerca el comportamiento hacia los ancianos o la forma de tratar a los enfermos en los hospitales, se encuentran los mismos patrones de conducta que existen con respecto a los niños: desde un menosprecio brutal hasta una ayuda exagerada.

La falta de consideración del niño por parte de los adultos se basa en su indefensión biológica. El niño es sin duda un ser indefenso que depende de los adultos durante mucho tiempo. Sin embargo, este desamparo solo despierta parcialmente la inclinación al cuidado o protección del menor en los progenitores, pues por lo general tienden, consciente o inconscientemente, a despreciar y humillar al niño precisamente a causa de su desamparo. Esta última inclinación, que en líneas generales podría describirse como sádica, se basa a su vez en el papel del adulto en el sistema social. Cuando está a merced de fuerzas sobre las que no tiene ningún control, el individuo tiende a mostrar su superioridad con respecto a sujetos más débiles para compensar esa impotencia. En la inmensa mayoría de los casos, el sadismo es completamente inconsciente y solo se manifiesta en la tendencia a exagerar la indefensión biológica del niño y en el hecho de no tomarlo en serio.

Las condiciones en que se manifiesta el sentimiento de impotencia en el niño se repiten en un nivel superior en la vida del adulto, si bien en este caso no se da la falta de consideración. Al contrario, se le dice al adulto que puede conseguir todo lo que quiera si lo desea de verdad y pone todo su empeño en ello, y que es tan responsable de su éxito como de su fracaso. La vida se le presenta como un juego cuyo resultado depende de su propia habilidad, diligencia y energía, y no del azar. Estas ideas están en flagrante contradicción con la realidad. El adulto promedio de nuestra sociedad es, de hecho, tremendamente impotente, y esta impotencia es tanto más opresiva cuanto que se le hace creer que en realidad debería ser diferente y que es culpa suya que sea tan débil. No cuenta con nada que le permita determinar su destino. Incluso las habilidades que puede llegar a desarrollar le vienen impuestas por el azar del nacimiento; el hecho de que pueda conseguir un empleo, de que pueda elegir su profesión, está en gran medida determinado por factores independientes de su voluntad y esfuerzo. La propia libertad de elección de su pareja sentimental se ve restringida por unas férreas consideraciones económicas y sociales. Se le inculcan sentimientos, opiniones y preferencias, y cualquier desviación la paga con un mayor aislamiento. En las estadísticas puede verse como solo un pequeño porcentaje de los que tratan de abrirse camino creyendo que el mundo está a su disposición logran un mínimo de independencia y seguridad económica. El desempleo masivo y la amenaza de la guerra han incrementado, al menos en Europa, la impotencia del individuo en los últimos años. Debe agradecer cada día que aún tiene trabajo y que aún no ha asistido al horror de una nueva guerra. Siente una impotencia absoluta frente a las condiciones económicas y políticas de la realidad, en las cuales no puede influir. En los Estados autoritarios, esta falta de influencia se presenta de manera consciente. Pero incluso en los regímenes democráticos existe una gran discrepancia entre el principio según el cual toda persona tiene derecho a decidir su destino y la falta de acceso efectivo a los centros de poder político y económico.

El hecho de que el individuo de la sociedad burguesa no conozca los impulsos psíquicos que determinan su comportamiento corre paralelo al hecho de que desconozca las fuerzas que determinan el desarrollo económico en un sistema regulado por el mercado y que le parezcan obra de un inescrutable destino. En la sociedad contemporánea, la comprensión de la economía política requiere un conocimiento especializado. De la misma manera, hoy tenemos que acudir al psicoanálisis para entender cómo funciona la personalidad, es decir, para la comprensión de uno mismo. El sentimiento de impotencia se intensifica en extremo por el hecho de que tanto los complicados procesos de naturaleza económica y política como los procesos anímicos son impenetrables. Incluso cuando el individuo burgués cree saber lo que ocurre, esta ilusión no cambia en nada el hecho de que no tiene la menor idea acerca de las fuerzas esenciales que actúan sobre la sociedad y sobre él mismo. Percibe un montón de características particulares, se aferra a una u otra y trata de comprender la totalidad a partir de una sola, para luego verse sorprendido y confundido una y otra vez por otras particularidades. Dado que la correcta percepción de las fuerzas y los factores clave es la primera condición para actuar e influir eficazmente en el propio destino y en el de la sociedad, la consecuencia de la ignorancia y la falta de comprensión es la impotencia del individuo. Y esta impotencia también la registra en su interior, aunque se resista desesperadamente a constatarla por medio de todo tipo de ilusiones.

La falta de una teoría social adecuada y, en lo que respecta al individuo, de una teoría psicológica es una de las fuentes más importantes del sentimiento de impotencia. La teoría es la condición previa para la acción. Pero el hecho de que exista una teoría, aun cuando sea fácilmente accesible, no hace que las personas puedan pasar manifiestamente a la acción. La situación en la Europa actual nos proporciona un ejemplo impresionante de cómo los individuos se resignan pasivamente a su destino, aunque millones de ellos mantengan una teoría en principio correcta de las dinámicas sociales. Y esto mismo sucede cuando el conocimiento de los procesos psicológicos no ayuda al individuo a cambiarlos. Para quienes se sienten impotentes, la teoría no tiene ningún interés. Dado que no esperan poder cambiar nada, cualquier doctrina que describa la forma de cambiar algo será también para ellos anodina e irrelevante. Incluso si se tiene una visión, sigue siendo un conocimiento abstracto, un recurso educativo como las fechas históricas o los poemas que se aprenden en la escuela; en suma, una *Weltanschauung*.

En la actitud psicológica de las grandes masas y de sus dirigentes, especialmente en los países derrotados en la Primera Guerra Mundial, casi se puede detectar una secuencia cronológica de los mecanismos de compensación que hemos descrito antes. Los primeros años tras el acuerdo de paz se caracterizaron por una extraordinaria actividad tanto en el plano político como en el social. Se crearon nuevas Constituciones, nuevos símbolos, nuevas leyes. Daba la impresión de que los líderes políticos estaban de lo más activos. Decían que eran ellos los que trabajaban de forma práctica; los que no se perdían en ensoñaciones, sino que cambiaban la realidad; los que «se ponían manos a la obra». Sucedieron muchas cosas, pero nada que tocara los cimientos de la sociedad y, por consiguiente, nada que se presentara como el inicio de un cambio de verdad. El «brío» y celo de los dirigentes (siempre que fuera sincero y no un simple pretexto o una trampa), e incluso hasta cierto punto la actividad de las masas, resultaron ser un ajetreo vacuo tras el cual se escondía una falta de actividad genuina y un sentimiento de impotencia con respecto a la consecución del cambio verdadero. La falta de resultados pronto se tradujo en una creencia o «fe en el tiempo». Daba la sensación de que las tentativas infructuosas debían atribuirse al escaso tiempo del que se disponía para alcanzar el éxito, y el individuo se consolaba pensando que los grandes cambios solo se producirían aguardando con paciencia y no apresurando las cosas. La paciencia se convirtió en un fetiche, y la impaciencia, en un grave reproche. Sin embargo, poco a poco hubo que admitir que no solo no se materializaba la evolución en la dirección deseada, sino que ocurría justo lo contrario. Lo que se había logrado en un primer intento fue desapareciendo hasta acabar eliminado. De hecho, para mantener la fe en el tiempo, el individuo tuvo que renunciar a examinar lo que estaba ocurriendo de verdad. De manera gradual, la creencia en los milagros acabó sustituyendo a la del tiempo. El individuo no tenía la menor confianza en que se pudiera cambiar nada por medio del esfuerzo personal y, por ello, centró todas sus expectativas en unos dirigentes «dotados para el liderazgo» y en «algún tipo de cambio» de las condiciones presentes. Ya no quería saber qué debía cambiar y cómo hacerlo, sino que se convenció de que alguna clase de cambio, aunque no fuese sustancial, era mejor que nada, pues al menos se podría lograr algo de lo que no conseguía con su esfuerzo personal. Esta esperanza de cambio, sea cual sea la forma que adopte, fue el caldo de cultivo para la expansión de las ideologías que propiciaron el triunfo del Estado autoritario.

La secuencia temporal que hemos descrito no es muy rigurosa, pues tan solo hace referencia a la importancia que tuvieron las distintas formas de mecanismos compensatorios. Hasta cierto punto, todos los mecanismos se presentaron de modo simultáneo. La fe en el tiempo se puede apreciar ya en la primera etapa de la posguerra. (A este respecto, es muy característico un eslogan de 1918 que se difundió en la prensa alemana y en algunos carteles: «El socialismo está en marcha». En esta formulación se elimina a las personas como elementos activos y actuantes de los acontecimientos políticos y se convierte al «socialismo» en un sujeto que está en marcha; de este modo se hace hincapié en la imprevisibilidad del movimiento.) Muchas personas, y en especial los gobernantes que perdieron el poder, siguieron confiando en el tiempo incluso después de haberse impuesto la ideología autoritaria. Por otra parte, la creencia en los milagros ya estaba presente desde el principio, pero sobre todo en una clase social en concreto, la pequeña burguesía. Debido a una serie de circunstancias, principalmente la creciente pérdida de poder económico de esa clase social, el sentimiento de impotencia era más fuerte en la pequeña burguesía. En los primeros años de posguerra, justo después de 1918, se esperaba que ocurriera el milagro del retorno de la monarquía y de las viejas banderas, y más adelante el de los «caudillos» y una «sublevación». No cabe duda de que ciertas franjas de la población mostraron una verdadera actividad y no creyeron en los milagros ni en el tiempo. Esto es cierto tanto para el sector más avanzado de la clase obrera como para, en un sentido diferente y más limitado, el sector más poderoso y más adelantado económicamente de la clase empresarial, aunque sus objetivos fueran radicalmente contrarios.

Cuando se presentan los años posteriores a la Primera Guerra Mundial como una época caracterizada por el aumento del sentimiento de impotencia, suele surgir una nueva objeción: ¿acaso no mostraron los representantes de las ideologías autoritarias una gran actividad y sentido del poder, no transformaron las condiciones políticas y sociales con tenacidad y energía? A primera vista, esta objeción parece convincente, y entonces se llega a la conclusión de que los individuos y clases sociales que defendieron esos movimientos victoriosos, especialmente la pequeña burguesía, superaron su sentimiento innato de impotencia. Sin embargo, si se observa con más detenimiento, parece que la actividad que desarrollan hoy en día está muy condicionada. La guerra, el sufrimiento y la pobreza son vistos como elementos fijos e inalterables de la convivencia humana, y cualquier intento de alterar estos parámetros se considera una estupidez o una burda falacia. La actitud en relación con los factores políticos y sociales más relevantes está inextricablemente ligada a un sentimiento de dependencia absoluta. Estas fuerzas del destino pueden racionalizarse de forma realista presentándolas como «ley natural» o como «hechos puros y duros», de modo filosófico como «el poder del pasado *völkisch*», de manera religiosa como «voluntad divina» o de forma ética como «deber». Siempre se impone un poder superior ajeno al hombre frente al que no puede hacerse nada y solo es posible la sumisión ciega. El desamparo del individuo es el principio básico de la filosofía autoritaria.

ASPECTOS PSICOLÓGICOS DE LA RENTA UNIVERSAL GARANTIZADA

En este artículo nos centraremos en los aspectos *psicológicos* de la renta garantizada, en su valor, sus riesgos y los problemas humanos que plantea. La razón más importante que lleva a aceptar este concepto es que puede fortalecer la libertad del individuo. (Véase mi análisis de la renta básica universal en Fromm, 1955a, págs. 355 y sigs.) A lo largo de la historia, el hombre ha visto limitada su libertad de acción por dos elementos: el uso de la violencia por parte de los gobernantes (básicamente, su capacidad para matar a opositores y disidentes) y, lo que es más importante, la amenaza del hambre contra quienes no estaban dispuestos a aceptar las condiciones de trabajo y de existencia social que se les imponían.

Quien no estaba dispuesto a aceptar estas condiciones, aunque no se utilizara ningún otro elemento contra él, se enfrentaba a la amenaza del hambre. El principio que ha prevalecido durante la mayor parte de la historia de la humanidad, en el pasado y en el presente (tanto en el capitalismo como en la Unión Soviética), es el que reza «quien no trabaja no come». Por eso, el ser humano se ha visto obligado a *actuar* tal y como se le exigía, pero también a *pensar* y *sentir* de manera que no se sintiera tentado a proceder de otro modo.

El hecho de que la historia pasada se base en el principio de la amenaza del hambre tiene en última instancia su origen en que, con la excepción de ciertas sociedades primitivas, el ser humano ha vivido siempre en la escasez, tanto en términos económicos como psicológicos. Nunca había bienes materiales suficientes para satisfacer las necesidades de todos; generalmente, un pequeño grupo de «dirigentes» se quedaba con cuanto se les antojaba, y a las muchas personas que no tenían nada que llevarse a la boca se les decía que si se encontraban en esa situación era por voluntad divina o por la ley natural. Sin embargo, hay que tener en cuenta que el factor principal de esta dinámica no era la codicia de los «dirigentes», sino el bajo nivel de productividad material.

La renta garantizada para todos, que en una época de abundancia económica es perfectamente factible, podría liberar por primera vez al individuo de la amenaza del hambre y, de este modo, hacerlo verdaderamente libre e independiente de las amenazas de carácter económico. Nadie se vería obligado a aceptar las condiciones de trabajo simplemente por miedo al hambre: las personas con talento o ambición podrían adquirir nuevos conocimientos a fin de prepararse para otro tipo de ocupación. La mujer podría abandonar al marido; el adolescente, a su familia. La gente aprendería a vivir sin miedo porque ya no tendría que temer al hambre. (Obviamente, esto solo es cierto si no existe también una amenaza política que inhiba la libertad de pensamiento, de expresión y de acción del hombre.)

El ingreso garantizado no solo establecería la libertad como una realidad y no como un eslogan, sino que además ratificaría un principio profundamente arraigado en la tradición religiosa y humanista de Occidente: que el derecho del hombre a la vida está por encima de todas las cosas. Este derecho a vivir, a tener alimentos, cobijo, atención médica, educación, etc., es un derecho intrínseco al ser humano que no puede verse limitado por ninguna condición, ni siquiera por la idea de que el individuo debe ser socialmente «útil».

El paso de una psicología de la escasez a otra centrada en la abundancia es uno de los más importantes en la evolución humana. La psicología de la escasez produce angustia, envidia y egoísmo (lo cual se observa sobre todo en las culturas campesinas de todo el mundo). La psicología de la abundancia genera iniciativa, confianza en la vida y solidaridad. Sin embargo, la mayoría de las personas siguen atrapadas psicológicamente en las condiciones económicas de la escasez, a pesar de que hoy en día los países industrializados están entrando en una nueva era de abundancia económica. Y debido a este «desfase» psicológico, muchos individuos no son capaces de entender las nuevas ideas que recoge el concepto de renta básica universal, porque las concepciones tradicionales suelen estar determinadas por sentimientos que surgieron en otras épocas y en otras formas de sociedad.

Otro efecto de la renta universal garantizada, aparte de la posibilidad de disminuir notablemente las horas de trabajo, sería que los problemas religiosos y espirituales de la existencia humana adquirirían un carácter imperativo. Hasta ahora el hombre ha estado tan centrado en el trabajo (o tan cansado después de trabajar) que no podía ocuparse de cuestiones como «¿Cuál es el sentido de la vida?», «¿En qué creo?», «¿Cuáles son mis valores?», «¿Quién soy yo?», etc. Si deja de consagrar su vida al trabajo, podrá afrontar con seriedad estos problemas, o bien correrá el riesgo de volverse medio loco a causa del hastío que siente.

A tenor de lo expuesto, podría sacarse la conclusión de que la abundancia económica, la posibilidad de librarse del temor al hambre, es lo que marca la transición de una sociedad prehumana a otra verdaderamente humana.

Para equilibrar las cosas, debemos plantear también algunas objeciones o interrogantes sobre el concepto de renta garantizada. La cuestión más obvia es si la renta garantizada podría reducir el incentivo para trabajar.

Aunque actualmente no haya empleo para un sector cada vez mayor de la población y, por lo tanto, el problema del incentivo no pueda aplicarse a estas personas, no puede negarse que se trata de una objeción importante. Sin embargo, creo que está bastante claro que el material no es en modo alguno el único incentivo para el trabajo y el esfuerzo. En primer lugar, porque existen otros incentivos: el orgullo, el reconocimiento social, el gusto por el trabajo... No faltan ejemplos que corroboran esta afirmación. El más evidente viene dado por la labor realizada por científicos, artistas, etc., ya que sus logros más destacados no han sido motivados por el incentivo del beneficio económico, sino por una combinación de factores: ante todo, el interés en el trabajo que están desarrollando, pero también el orgullo por sus propios logros o el deseo de alcanzar notoriedad. Ahora bien, aunque este ejemplo pueda parecer obvio, no convence del todo, pues siempre podría aducirse que esas personas sobresalientes fueron capaces de realizar tan grandes conquistas justamente porque poseían un talento extraordinario, con lo cual no podrían presentarse como ejemplo de las reacciones que cabe esperar en un individuo promedio. Sin embargo, esta objeción queda invalidada cuando examinamos los incentivos de las actividades realizadas por todos aquellos individuos que no poseen las cualidades sobresalientes de los grandes creadores. ¡Cuántos esfuerzos se *hacen* en los diversos deportes y en las múltiples aficiones personales, ámbitos en los que no existen incentivos materiales de ninguna clase! En un estudio realizado en los talleres Hawthorne de Chicago, pertenecientes a la Western Electric Company, el profesor Mayo demostró claramente hasta qué punto el interés del individuo en su propio trabajo puede constituir un incentivo a la hora de trabajar (véase Mayo, 1933). El mero hecho de que las trabajadoras no especializadas aceptaran colaborar en un experimento de productividad laboral en el que ellas mismas eran los sujetos, el hecho de que se interesaran y se convirtieran en participantes activas en el experimento, provocó un aumento de la productividad e, incluso, una mejora de la salud de las propias trabajadoras.

El problema se presenta de un modo más claro cuando examinamos formas sociales de otras épocas. La administración pública prusiana era bien conocida por su eficacia e incorruptibilidad, a pesar de la escasa compensación económica que proporcionaba a los funcionarios; en este caso, valores como el honor, la lealtad y el deber constituían las motivaciones determinantes de un desempeño eficaz. Y se puede encontrar un factor adicional en las sociedades preindustriales (como la sociedad europea medieval o las sociedades semifeudales de principios del siglo xx en América Latina). En esos entornos, un trabajador manual, como un carpintero, por ejemplo, quería ganar lo suficiente para satisfacer las necesidades de su nivel de vida, pero se negaba a trabajar más para ganar más de lo que necesitaba.

En segundo lugar, está demostrado que el ser humano no es perezoso por naturaleza, sino que más bien sufre los efectos de la inactividad. Puede que la gente prefiera no trabajar durante uno o dos meses, pero la inmensa mayoría deseará hacerlo, aunque no se le pague. En el ámbito del desarrollo infantil y de las enfermedades mentales encontramos abundante información sobre este punto; lo que se necesita es una investigación sistemática en la que se organicen y analicen los datos disponibles tomando la «pereza como una enfermedad», y que se recojan más datos en nuevos estudios sobre la materia.

Ahora bien, si el dinero no es el incentivo principal, entonces los aspectos técnicos o sociales del trabajo tendrán que ser lo bastante atractivos e interesantes para compensar el displacer que provoca la inactividad. El individuo alienado de nuestros días padece un profundo hastío (a menudo inconsciente) y, por lo tanto, anhela la vagancia en lugar de la actividad. Sin embargo, este mismo anhelo es un síntoma de nuestra «patología de la normalidad» (véase Fromm, 1944a). Cabe suponer que, así como la gente dejaría de atiborrarse de dulces obtenidos gratuitamente al cabo de unas semanas, también el uso inadecuado de la renta garantizada desaparecerá en un breve lapso de tiempo.

Otra objeción sería la siguiente: ¿es posible que la desaparición del temor al hambre amplíe realmente la libertad del ser humano, cuando las personas que disfrutan de una vida cómoda tienen tanto miedo a perder su empleo como aquellas que se morirían de hambre si perdieran el suyo? Si esta objeción es válida, podría decirse que la renta universal garantizada aumentará la libertad de la gran mayoría, pero no la de las clases media y media-alta.

Para entender bien esta objeción debemos ir al sustrato mismo de la sociedad industrial de nuestros días. Hoy, el hombre se ha transformado en *Homo consumens*. Es un individuo voraz y pasivo que intenta compensar su vacío interior con un consumo continuado y cada día mayor (hay muchos ejemplos clínicos de este mecanismo, en los que la ingesta excesiva, las compras compulsivas o el excesivo consumo de alcohol son la forma de reaccionar del individuo frente a la depresión y la ansiedad): consume tabaco, alcohol, sexo, cine y viajes, pero también bienes culturales, como libros, conferencias y arte. El individuo *parece* estar activo y motivado, pero en el fondo es un ser angustiado, solitario, deprimido y hastiado (se podría entender el hastío como una depresión crónica que puede ser compensada por medio del consumo [véase Fromm, 1973a, págs. 242-251]). El industrialismo del siglo XX ha creado este nuevo tipo psicológico, el *Homo consumens*, principalmente por razones económicas; es decir, por la necesidad de promover el consumo masivo, estimulado y manipulado por la publicidad. Pero, una vez creado, este tipo de carácter también ejerce su influencia sobre la economía y hace que los principios de la satisfacción en constante crecimiento parezcan racionales y realistas.

El asunto se complica aún más si tenemos en cuenta que al menos el 20 % de los estadounidenses viven en la escasez; que algunas regiones de Europa, especialmente los países socialistas, no han alcanzado aún un nivel de vida satisfactorio, y que la mayoría de la humanidad, residente en Asia, África y América Latina, todavía se encuentra casi al nivel de la inanición. A quienes defienden una reducción del consumo se les suele rebatir con el argumento de que la mayor parte del mundo necesita consumir más, no menos. No les falta razón, pero corremos el peligro de que, aun en los países que ahora son pobres, el ideal del consumo máximo se imponga y oriente la actividad, forme el espíritu de estas naciones y, a la postre, se mantenga incluso después de haber alcanzado el nivel de consumo óptimo (no el máximo).

El individuo actual tiene un hambre de consumo que nunca se sacia. De ello se derivan varias consecuencias: si no hay nada que contenga la avidez de consumo, y en el futuro ninguna economía será capaz de producir lo suficiente para el consumo ilimitado de todos, nunca podrá haber (psicológicamente hablando) una verdadera «abundancia» mientras la estructura de carácter del *Homo consumens* siga siendo el factor dominante. El codicioso siempre sentirá carencias, pues, por mucho que tenga, nunca le parece suficiente. Además, adopta una actitud ávida y competitiva con respecto a sus congéneres; de ahí que sea un individuo aislado y atemorizado. No puede disfrutar realmente del arte ni de otros estímulos culturales porque siempre quiere poseer más. Esto implica que las personas que vivan de la renta universal se sentirán frustradas e inferiores y las que ganen más creerán estar atrapadas en esa nueva situación, porque se sentirán intimidadas y habrán perdido la oportunidad de consumir cuanto querían. Por estas razones, creo que la renta básica universal solamente resolvería algunos problemas (económicos y sociales), pero no tendría el efecto radical que cabe atribuirle, a menos que abandonáramos al mismo tiempo el principio del consumo máximo.

Entonces, ¿qué hay que hacer para implantar la renta garantizada para todos? En líneas generales, habría que transformar el sistema actual de consumo, cambiando el consumo máximo por uno óptimo. Esto implicaría:

Una amplia transformación industrial, de manera que la producción de artículos de consumo individual dé paso a la producción de bienes públicos: escuelas, teatros, bibliotecas, parques, hospitales, medios de transporte, viviendas, etc.; es decir, se trataría de conceder mayor importancia a la producción de aquellas cosas que sirvan para el despliegue de la productividad y la actividad interior del individuo. Es fácil ver cómo la voracidad del *Homo consumens* afecta sobre todo al consumo de cosas que él mismo «devora» (o hace suyas); en cambio, el uso de los servicios públicos gratuitos, que permiten a la persona disfrutar de la vida, no produce codicia ni tampoco voracidad. El paso del consumo máximo al óptimo exigirá modificaciones importantes en las pautas de producción, así como una reducción sustancial de la publicidad que, mediante técnicas de «lavado de cerebro», impulsa cada vez más nuestra codicia. (Tal reducción de la publicidad y, sobre todo, el aumento de la producción en el sector público son, en mi opinión, difícilmente concebibles sin la intervención del Estado.) Además tendría que producirse un cambio cultural importantísimo: el renacimiento de los valores humanistas de la vida, la productividad, el individualismo, etc., frente al materialismo del «hombre organización», manipulado para que funcione como un hormiguero.

Estas reflexiones nos llevan a otros problemas que también deben ser abordados: ¿existen criterios objetivamente válidos que permitan distinguir entre las necesidades racionales e irracionales, entre las necesidades buenas y malas, o todas las necesidades sentidas subjetivamente tienen el mismo valor? (Aquí se consideran buenas todas las necesidades que impulsan la vivacidad, la alerta, la productividad y la sensibilidad del ser humano; mientras que las malas serían todas aquellas que debilitan o paralizan esas mismas cualidades.) Conviene recordar que todos hacemos ya esta distinción en el caso de la drogadicción, comer en exceso y el alcoholismo. Al estudiar estos problemas se nos plantearán cuestiones prácticas como la determinación de las necesidades mínimas que deben ser reconocidas en toda persona. (Me refiero a una habitación propia, una cierta cantidad de ropa, de alimentos, de bienes culturales como libros, una radio, etc.) En una sociedad relativamente acomodada como la de Estados Unidos, debería ser bastante fácil establecer el coste de un mínimo vital *digno* y cuál debería ser el límite del consumo máximo. Se podría instaurar un impuesto progresivo al consumo que supere cierto umbral. En cualquier caso, habría que evitar condiciones de vida como las de los barrios de chabolas. Todo esto significa que habría que combinar los principios de la renta universal garantizada con la transformación de nuestra sociedad de consumo, de manera que se cambie el consumo máximo por el óptimo y, además, se modifique por completo la propia producción, que en lugar de estar enfocada en las necesidades individuales se centraría en la satisfacción de las necesidades públicas.

A la idea del sueldo asegurado deberíamos añadir otra que es también muy importante: la del consumo *gratuito* de ciertos productos. Entre ellos estarían, por ejemplo, el pan, la leche y las verduras. Supongamos que cualquier ciudadano pudiera entrar en una panadería y llevarse el pan que quisiera (el Estado pagaría al establecimiento por la totalidad del pan producido). Como ya hemos indicado, al principio, los individuos avariciosos tomarían más de lo que pueden consumir, pero en muy poco tiempo este «consumo codicioso» desaparecería y la gente se llevaría solo lo que necesitara de verdad. A mi juicio, este consumo gratuito abriría una nueva dimensión en la existencia humana (a no ser que lo veamos como una simple repetición —en un nivel superior— de las pautas de consumo de ciertas sociedades primitivas). El individuo se sentiría liberado del principio según el cual «el que no trabaja no come», y en la primera puesta en práctica del consumo gratuito podría experimentar una nueva forma de libertad. No hace falta ser economista para ver que la provisión general y gratuita de pan podría ser sufragada fácilmente por el Estado, que cubriría este gasto mediante un impuesto especial. Pero aún podríamos avanzar un poco más. Supongamos que no solo se satisfacen las necesidades mínimas de alimentación —pan, leche, verduras, fruta—, sino también las necesidades mínimas en el vestir (de manera que toda persona pueda recibir gratuitamente cada año, digamos, un traje, tres camisas, seis pares de calcetines, etc.), y que el transporte fuera gratuito —lo cual exigiría, obviamente, mejorar de manera sustancial el transporte público—, mientras que los coches privados se encarecerían. Por último, cabría imaginar que el problema de la vivienda se resolviera de forma similar, construyendo, por ejemplo, grandes urbanizaciones de vi viendas con dormitorios para los niños y habitaciones pequeñas para los mayores o las parejas casadas, que podrían ser utilizadas gratuitamente por cuantos quisieran. Esto me lleva a pensar que el problema de la renta universal garantizada también se podría solventar haciendo que cada persona obtuviera de manera gratuita todos los artículos de primera necesidad, en lugar de tener que pagar por ellos. La producción de estos bienes que satisfacen las necesidades mínimas, junto con unos servicios públicos claramente mejorados, tendría el mismo efecto que el pago de una renta universal garantizada.

Se puede aducir que este método es más radical —y, por consiguiente, menos aceptable— que el propuesto por otros autores. Es posible que así sea, pero no debemos olvidar que, por una parte, la propuesta de los servicios mínimos gratuitos podría implantarse sin problema en el marco del sistema actual y que, por otra parte, la idea de una renta universal garantizada no será bien vista por muchos, no porque no sea factible, sino por la resistencia psicológica a la eliminación del principio según el cual «el que no trabaja no come».

Aún nos queda por examinar otro problema de carácter filosófico, político y psicológico: el de la libertad. El concepto occidental de libertad se basaba originalmente en la libertad de poseer bienes y de explotarlos, siempre que no se vieran amenazados los intereses legítimos de los demás. En las sociedades industriales occidentales, este principio se ha visto alterado hoy día de muchas maneras por la fiscalidad, que es una forma de expropiación, y por la intervención estatal en la agricultura, el comercio y la industria nacional. Al mismo tiempo, la propiedad privada de los medios de producción está siendo paulatinamente reemplazada por la propiedad semipública, sobre todo en las grandes corporaciones empresariales. Aunque el concepto de renta universal exigiría algunas regulaciones adicionales, hay que tener en cuenta que, para el ciudadano actual, la libertad no reside tanto en la libertad de poseer y explotar sus propios bienes (esto es, su capital) como en la libertad de consumir lo que quiera. Hoy en día, muchas personas consideran que la restricción del consumo ilimitado constituye una intromisión en su libertad, pese a que solo los muy ricos son auténticamente libres de elegir lo que quieren. La competencia entre diferentes marcas de los mismos productos y entre diferentes tipos de mercancías hace creer al individuo que disfruta de libertad, cuando solamente desea lo que está condicionado para desear. (También en este aspecto, la totalitaria burocratización del consumo en los países del bloque soviético ha hecho que no se justifique ninguna regulación del consumo.) Lo que necesitamos es un nuevo enfoque del problema de la libertad. Solo cuando el *Homo consumens* se convierta en un ser productivo y dinámico podrá el individuo experimentar la libertad como auténtica independencia y no como la capacidad de hacerse con bienes de consumo sin ningún límite.

El principio de la renta universal asegurada solo puede ser efectivo si va acompañado de: 1) un cambio en los hábitos de consumo, es decir, la transformación del *Homo consumens* en sujeto productivo y activo (en el sentido de Spinoza); 2) la adopción de una nueva actitud espiritual, la propia del humanismo (sea teísta o no teísta), y 3) un renacimiento de los métodos verdaderamente democráticos (por ejemplo, una nueva Cámara Baja en la que se tomen en cuenta las decisiones adoptadas por centenares de miles de grupos particulares [*face-to-face groups*], la participación efectiva de todos los que trabajen en cualquier tipo de empresa, en la administración, etc. [véase Fromm, 1955a, págs. 321-343]). Un Estado que alimenta a todos puede llegar a ser como una diosa madre con rasgos dictatoriales, pero este peligro solo se puede contrarrestar aumentando al mismo tiempo la actividad democrática en todos los ámbitos de la sociedad. (En realidad, el Estado ya dispone hoy de un poder extraordinario sin conceder esos beneficios.)

Resumiendo: además de realizar estudios sobre las repercusiones económicas de la renta universal, habrá que emprender investigaciones de otras clases, tanto en el plano psicológico y filosófico como en el religioso y el educativo. Desde mi punto de vista, el gran avance que representa la renta garantizada únicamente podrá salir bien si va acompañado de cambios en otros ámbitos. No debemos olvidar que la renta básica universal solo podrá hacerse realidad si dejamos de gastar el 10 % de los ingresos nacionales en armamentos económicamente inútiles y peligrosos, si podemos detener la propagación de una violencia sin sentido mediante la ayuda sistemática a los países subdesarrollados y si encontramos la manera de detener la explosión demográfica. Sin estos cambios, ningún plan de futuro tendrá éxito porque no habrá futuro.

LOS PROBLEMAS PSICOLÓGICOS Y ESPIRITUALES DE LA ABUNDANCIA

Este artículo trata de los problemas psicológicos y espirituales de la sociedad de la abundancia. Sin embargo, ya en la propia formulación del asunto encontramos algunos conceptos que es preciso aclarar. En primer lugar, ¿qué entendemos por *espiritual*? Sabemos más o menos lo que es *psicológico*, pero *espiritual* es un término que no puede definirse con precisión porque no tiene un significado inequívoco. Aquí lo utilizo en el sentido de 'religioso', pero yo prefiero llamarlo *X*, pues así podemos valernos de un símbolo carente de referentes históricos. Por lo tanto, cuando hablo de los problemas espirituales de la sociedad acomodada, me refiero a lo que habitualmente se conoce como *problemas religiosos* y que yo personalmente denomino *problemas X*.

Tal vez se pueda objetar que hoy no existe realmente una «sociedad opulenta». ¿Acaso no es cierto que dos tercios de la humanidad no viven en la abundancia sino en una pobreza absoluta, porque el hambre sigue siendo el problema más acuciante de algunas regiones? ¿No es cierto que incluso en el país más rico del mundo, Estados Unidos de América, una parte no despreciable de la población —digamos que en torno al 20 %— vive en un estado de miseria que, aun no siendo comparable al de la India o

Sudamérica, está muy lejos de lo que puede ser aceptable en una sociedad acomodada?

Efectivamente, así es, pero no por eso podemos dejar de examinar los problemas de la sociedad opulenta, pues es evidente que, tanto en América como en Europa, amplios sectores de las clases medias y hasta de las trabajadoras están ya empezando a participar de la abundancia de bienes. Se trata de una tendencia imparable, a menos que la humanidad sea incapaz de poner freno a la amenaza nuclear en los próximos años. Si finalmente se consigue conjurar este peligro, no me cabe la menor duda de que, dentro de veinte años, Estados Unidos —y quizá dentro de treinta o cuarenta también Europa— será una sociedad automatizada en la que habrá una gran abundancia de bienes, sobre todo, de consumo.

Ahora bien, si nos vemos impelidos a abordar los problemas de la sociedad de la abundancia no es solo porque ya estamos en sus inicios, sino porque hoy existe una nueva concepción del ser humano, una nueva visión que se está imponiendo por doquier, tanto en América y Europa como en la Unión Soviética y los nuevos Estados africanos: la idea del humano como consumidor. El *Homo consumens* es el nuevo individuo de nuestro tiempo. Es verdad que sigue existiendo el *Homo faber*, pero el de la Segunda Revolución Industrial difiere mucho del de la primera. Lo que no está tan claro es que hoy siga habiendo *Homo sapiens*, porque *Homo sapiens* es aquel que se sirve de la razón para sobrevivir. Ahora que se utiliza el raciocinio para poner en jaque la supervivencia, que se emplea el poder de la razón para llevarnos al borde de la destrucción general, es normal que se ponga en duda la consideración del ser humano como *Homo sapiens*, o que se piense incluso que ha dejado de serlo. Pero de lo que no cabe duda es de que hoy el individuo empieza a ser un *Homo consumens*, un consumidor absoluto, y que esta concepción del ser humano tiene casi el carácter de una nueva visión religiosa, en la que el paraíso serían unos grandes almacenes donde toda persona puede comprar cada día algo nuevo, donde puede adquirir todo lo que se le antoje e incluso un poco más que su vecino. Esta visión del individuo como consumidor permanente se está imponiendo en todos los países, independientemente de su orientación política o ideológica. Se encuentra tanto en las naciones capitalistas como en las consideradas socialistas. La única diferencia es que los países socialistas parecen seguir creyendo que la felicidad general está al alcance de la mano porque algún día se cumplirá la promesa del consumo absoluto, mientras que en un país puramente capitalista como Estados Unidos, donde ya existe la «felicidad» del consumo absoluto para gran parte de la población, se está empezando a cuestionar que el individuo pueda ser feliz de esa manera.

Para empezar, me gustaría analizar este *Homo consumens* como fenómeno psicológico, como un nuevo tipo de carácter social que tiene su propia dinámica. Esta dinámica psicológica solo puede entenderse en el sentido freudiano, distinguiendo entre lo que es plenamente consciente y lo que son impulsos inconscientes. Sin embargo, antes de indagar en su psicología debemos explicar qué es exactamente el *Homo consumens*. Pues bien, se trata de un individuo que convierte cualquier cosa en objeto de consumo: los cigarrillos, los licores, los libros, el amor y el sexo, las conferencias, las obras de arte... Para él no hay nada que no pueda transformarse en artículo de consumo. Incluso consume ciertas drogas para encontrar la iluminación.

Bueno, ¿y qué tiene de malo el consumo?, se preguntarán ustedes. ¿Acaso el ser humano no es una criatura que necesariamente ha de consumir para seguir viva? En efecto, los humanos, como cualquier otro organismo vivo, tienen que consumir para conservar la vida. Lo novedoso es que han desarrollado una estructura de carácter en la que todo lo que antes se asimilaba de otra manera, es decir, el amplio y rico ámbito de la creación y la cultura humanas, se convierte también en artículo de consumo. Ahora tenemos que avanzar un paso más y ver en qué consiste esa inclinación al consumo desde el punto de vista psicológico, una cuestión que nos va a llevar a conceptos e ideas dinámicos. Inconscientemente, este nuevo tipo de individuo es un ser pasivo, vacío, ansioso y aislado para el que la vida no tiene sentido y que está profundamente alienado y hastiado. Si se preguntara a quienes hoy en día consumen alcohol, viajes y libros si se sienten desgraciados y aburridos, su respuesta sería: «Pues claro que no. Somos de lo más felices. Viajamos, bebemos, comemos, compramos cuanto queremos, ¡y así no hay forma de aburrirse!».

Por lo tanto, en términos conscientes, estas personas no se aburren en absoluto. Desde el punto de vista psicoanalítico cabría preguntarse si es posible que tales individuos se sientan inconscientemente vacíos, aburridos, alienados, que sean inconscientemente pasivos. Sería algo así como el eterno infante que no solo espera su biberón, sino que reclama cualquier cosa como si fuera un biberón y que nunca desarrolla ninguna actividad por sí solo. Cuando hablo de *actividad* y *pasividad*, no utilizo estos términos en el sentido moderno, sino tal y como los empleaban Aristóteles, Spinoza, Goethe, Marx o el budismo, es decir, en el sentido de una actividad y pasividad *interiores*, que no tienen nada que ver con lo que sucede en el plano externo.

Se podría decir que este individuo ansioso, hastiado y alienado compensa su angustia con un consumo compulsivo, el cual no es percibido nunca como una enfermedad general o, mejor dicho, como un síntoma de la «patología de la normalidad» (véanse Fromm, 1944a, y Fromm, 1955a). El término *enfermedad* solo entra en la conciencia cuando la persona está más enferma que los demás. Pero, si todos los individuos sufren de la misma afección, la idea de enfermedad no se presenta en la conciencia. Ese vacío interior, esa angustia interna, se cura simbólicamente mediante un consumo compulsivo. Es lo que sucede, por ejemplo, en la bulimia. Cuando se investiga por qué ciertas personas comen de manera compulsiva, se puede ver que tras esta conducta, que es en sí misma consciente, hay algo que no lo es en absoluto: la depresión o la ansiedad.

La persona se siente vacía y, para colmar simbólicamente ese vacío, llena su vida de otras cosas, de cosas que vienen de fuera, a fin de superar la sensación de vacío y debilidad interior. Muchos se dan cuenta de que, cuando están ansiosos o levemente deprimidos, tienden a comprarse alguna cosa o a abrir la nevera y comer un poco más de lo habitual, porque de esta manera se sienten un poco menos deprimidos y menos ansiosos.

En realidad, es un círculo vicioso. Por una parte, el individuo ansioso y alienado tiene que consumir compulsivamente porque se siente angustiado. Por otra, estamos ante un problema profundamente relacionado con la estructura económica de la sociedad occidental contemporánea, que se basa en un consumo continuo, absoluto y siempre en aumento. Si cien mil ciudadanos de Estados Unidos decidieran hoy no comprarse otro coche, se produciría una alteración tremenda en el mercado de valores porque toda la economía estadounidense gira en torno al aumento continuo del consumo. Es un principio tan arraigado en la economía actual como lo estaba el ahorro en el siglo XIX, cuando el proceso de acumulación capitalista se encontraba todavía en una fase en que los individuos debían economizar para invertir el capital ahorrado en la industria. Hoy no es necesario: la industria, al menos en Estados Unidos, se autofinancia en un 98 %. Lo que necesita para financiarse es, sobre todo, que la gente compre, compre y vuelva a comprar, pues de lo contrario no habrá una demanda creciente de los bienes que esa misma industria puede y debe producir en una medida cada vez mayor si quiere reproducir su propio capital. Por eso la industria incita al individuo a consumir cada vez más con todos los medios a su alcance. En el siglo XIX era inmoral comprar cuando no se tenía dinero. En el XX se considera inmoral no comprar por no tener dinero, porque hoy todo se adquiere a crédito. Por medio de técnicas publicitarias muy sofisticadas, la industria seduce a la gente para que consuma y consuma. Esto es tan cierto en Estados Unidos, Austria y Alemania Occidental como en la Unión Soviética, Yugoslavia, Polonia y Checoslovaquia. Solo hay diferencias de grado, pero no de principio, es decir, hay siempre una estimulación constante del individuo para que consuma más.

La persona se siente angustiada y alienada por el modo de producción capitalista por varias razones: porque este sistema produce corporaciones económicas y burocráticas cada vez más grandes, ante las cuales uno se siente pequeño e indefenso; porque puede participar cada vez menos activamente en los acontecimientos de la sociedad; porque en amplios sectores de la clase media, y en parte también en la clase media baja, hay un miedo tremendo a no ascender, a perder de nuevo la posición que se ha alcanzado, a ser calificado de *fracasado* por el cónyuge y los amigos si no se consigue lo mismo que los demás. No solo están en juego los ingresos, sino también la amistad, el amor, el respeto; y estos dependen a menudo de un ascenso que no se basa principal ni exclusivamente en los logros efectivos del individuo, sino en su adaptabilidad, en su capacidad para decir sí con la suficiente frecuencia y para decir no en la medida justa, de modo que no se le pueda considerar un conformista. En cada puesto en la estructura burocrática hay un cierto porcentaje de síes y de noes que uno debe mantener; todo depende de lo que uno quiera conseguir. El que expresa un 90 % de síes nunca llegará a ser director general, pero el que manifiesta un 90 % de noes tampoco. Hay sutiles diferencias de grado que no se aprenden en la escuela —donde se enseña lo contrario—, sino solo en la práctica, y a veces uno ya es demasiado viejo cuando por fin lo ha aprendido.

En resumen: el que se angustia en este sistema consume cuanto puede. Sin embargo, quien se deja seducir por el consumo siente una profunda ansiedad porque se vuelve pasivo, porque se limita a absorber algo, porque no experimenta activamente nada en el mundo. Cuanta más angustia siente, más debe consumir, y cuanto más consume, más ansiedad experimenta. Así se establece este círculo vicioso en el que el individuo se siente tanto más impotente cuanto más poderosas son sus máquinas, es decir, cuanto más poderoso se vuelve lo que produce, y compensa todo esto con un consumo constante e interminable.

La cuestión del consumo va ligada al problema de la *pseudolibertad*. En el siglo XIX, el concepto de libertad estaba estrechamente relacionado con la propiedad y la libre empresa. Hoy en día, en los países capitalistas avanzados hay muy poca propiedad privada en los medios de producción. General Motors y Ford Company, las dos grandes corporaciones automovilísticas de Estados Unidos, están en manos de una burocracia que se autoperpetúa sin que los cientos de miles de propietarios reales tengan ninguna influencia sustancial sobre la empresa. La libertad vinculada al derecho de propiedad es un concepto que solo tenía sentido en el siglo XIX. Por eso se equivocó Marx cuando concibió la idea de que socializando los medios de producción se cambiaría algo esencial. Se guio por el concepto decimonónico de la propiedad y no previó que en el siglo siguiente la propiedad privada de los medios de producción ya no sería tan relevante.

La pseudolibertad de nuestra época viene del ámbito del consumo. El consumidor entra en un estanco o en unos grandes almacenes y se encuentra con diez marcas diferentes de cigarrillos, que ya ha visto anunciadas en los medios de comunicación. Todos compiten por su atención, todos parecen decirle: «Por favor, ¡elíjame a mí!». En el fondo, el comprador es consciente de que todos los productos son básicamente lo mismo, ya se trate de cigarrillos o de jabones que se promocionan con imágenes de chicas guapas. Intelectualmente, es consciente de que todo eso es completamente irracional. Sin embargo, cree que su elección es libre porque tiene la posibilidad de escoger. Así pues, se decide por Chesterfield en lugar de Marlboro, o por Marlboro en lugar de Chesterfield. Y esta misma elección hace que adquiera una pseudopersonalidad, pues se define a sí mismo por el hecho de consumir un artículo concreto. Ahí está su yo, su propia identidad. En el acto de elegir experimenta su poder como persona, cuando en realidad siente de manera inconsciente su impotencia, porque su elección es solo el resultado de una influencia tramada a sus espaldas. Cree estar eligiendo él mismo, cuando en realidad es inducido a escoger entre los diferentes productos que se le proponen. Por lo tanto, en esta nueva situación no existe una auténtica competencia, porque todas las marcas de cigarrillos tienen el mismo interés: que la gente fume. Como es natural, los fabricantes de una marca preferirán que se fume más de la suya, pero en el fondo eso no es tan importante. Lo esencial es que la gente fume y que, al elegir una marca u otra, sienta la libertad y el poder que tiene. Conviene destacar que esta sensación de libertad no tiene nada que ver con los recursos económicos de la persona, pues en un lugar donde se vende tabaco no hace falta gastar gran cosa. Pero, aunque el gasto sea escaso, la cuestión de base es siempre la misma: el cliente es el rey que decide a cuál de esos objetos cualitativamente idénticos quiere dar su favor.

El consumo también está vinculado al concepto de felicidad. Para tratar esta idea desde un punto de vista filosófico, habría que remontarse a las concepciones y la psicología de la Ilustración. Sin embargo, si hoy se pregunta a la gente qué es lo que la hace realmente feliz, por lo general responde que comprar cuanto se le antoje. Este es el concepto de felicidad que probablemente tienen la mayoría de las personas en nuestros días, porque consideran que el consumo no solo es la base de la libertad, sino también de la felicidad, y lo único que impide la libertad y la felicidad es no tener suficiente dinero para consumir todo lo que uno quiere.

El consumo no solo vuelve pasiva a la persona, también la hace dependiente. Resulta curioso que esto lo percibieran ya en el siglo XIX pensadores tan dispares como Karl Marx y Disraeli. Marx sostuvo que «la producción de demasiadas cosas útiles da lugar a demasiadas personas inútiles», y Disraeli expresó la misma idea de un modo muy similar. Tanto los conservadores como los socialistas del siglo XIX —no me refiero a los de nuestra época, que han cambiado radicalmente de posición— vaticinaron que la sociedad industrial produciría individuos vacíos que acabarían siendo esclavos de sus necesidades. Y esto, creo, ha sucedido de verdad.

Se observa, además, que lo mecánico tiene cada vez más importancia que lo dotado de vida. Ignoro si esto puede aplicarse también a Europa, pero, en Estados Unidos, muchos hombres muestran más interés por un coche que por una mujer. Esto puede parecer muy moral desde un cierto punto de vista, pero a mi juicio es lo más inmoral que existe, porque demuestra que el individuo se interesa más por lo muerto que por lo dotado de vida.

Esta tendencia de la cultura moderna ya fue percibida a principios de siglo por un hombre muy interesante llamado Marinetti, uno de los grandes representantes del movimiento futurista. En un manifiesto publicado en 1909, afirmaba que los futuristas adoraban la velocidad y el automóvil más que las más bellas estatuas de Grecia, que glorificaban la guerra y la destrucción y que despreciaban a las mujeres. Ahí encontramos tanto la atracción por lo mecánico como lo que en *El corazón del hombre* (1964a) he denominado *necrofilia*, es decir, el amor a lo muerto, a lo inanimado, a todo lo que no está vivo, en contraste con la *biofilia*, que implica amor a lo vivo y a cuanto crece y cobra vida. Esta inclinación ha aumentado muchísimo con el desarrollo de la industria moderna, y creo que el orgullo por las armas nucleares tiene que ver, al menos en parte, con este amor y admiración por lo mecánico y con el decreciente interés en lo vivo. Esto ha llegado a tal punto que hoy la gente suele creer que no se puede disfrutar de nada que no se tenga que comprar. Por lo visto, quedándose tranquilamente en el hogar o dando un paseo no se disfruta plenamente de la vida, porque sin compra no puede haber alegría ni gozo alguno. Sin embargo, el concepto de alegría está desapareciendo, ya que no hay alegría en una vida dominada por el consumo. Cuando en el Antiguo Testamento se enumeran los pecados de los hebreos, se concluye que el más grave sería el siguiente: «Porque no serviste al Señor tu Dios con alegría [...] cuando tenías de todo en abundancia» (Deut. 28, 47). Hoy en día no resulta tan fácil de entender como en aquella época, pero creo que, si se quisiera criticar la sociedad actual desde un punto de vista religioso, podría repetirse esta frase palabra por palabra.

He intentado explicar la noción de consumo absoluto y dar algunas indicaciones sobre su dinámica psicológica y su imbricación con la dinámica socioeconómica. A continuación vamos a analizar si es posible mantener una actitud crítica sobre las necesidades del ser humano. En este asunto existen dos puntos de vista. Por un lado tenemos la perspectiva relativista, según la cual todas las necesidades humanas son legítimas, siempre que no se perjudique a los demás. Este es, además, el punto de vista «moderno»: si una persona quiere, necesita o desea algo, puede realizar ese deseo siempre que no haga daño a otras personas o, en casos excepcionales, como el de ciertas drogas, que no se dañe a sí misma. La segunda posición es de carácter normativo. En esta visión de las necesidades humanas se considera que hay necesidades «buenas» y necesidades «malas». ¿Y cuáles son las buenas? Aquellas que impulsan el dinamismo, la productividad, la sensibilidad, el interés y la actividad del individuo. Las malas serían las que hacen a las personas más inanimadas, más pasivas, menos interesadas. Se trata, por lo general, de necesidades artificiales que la voraz máquina de producción ofrece al ser humano. En el fondo no son necesidades auténticas, aunque subjetivamente sean percibidas como tales. En las necesidades malas no hay límite alguno: actúan sobre la codicia común, sobre el afán de la población en general.

Pero ¿quién decide qué es una necesidad buena y qué es una necesidad mala? ¿Un dictador?, ¿los dirigentes empresariales? Creo que esta decisión puede tomarse de forma racional sobre la base de la antropología psicológica. Hay que analizar en profundidad, y con ejemplos concretos, qué es lo que incentiva la vida, el dinamismo y la actividad interior y lo que debilita la productividad y la actividad externa. Puede que no se coincida en estos puntos, pero siempre se podrá decidir cuáles son las necesidades buenas y cuáles, las malas. Sin embargo, para afrontar esta cuestión hay que tener antes claramente establecido que el ser humano es más importante que la economía. Si realmente consideramos el desarrollo del individuo y de todas sus facultades como el objetivo crucial de cualquier acto social, podremos discutir la cuestión del valor de las necesidades en términos concretos. Si, por el contrario, creemos, siguiendo el *laissez faire, laissez aller* del liberalismo, que el objetivo último es el desarrollo de la economía, la máxima productividad del sistema, y que las personas deben adaptarse a tal finalidad, entonces la cuestión de las necesidades no se planteará siquiera, y se encontrarán muchas razones por las que supuestamente no debe debatirse. Por tanto, que haya debate o no sobre las necesidades depende de lo que se considere el fin último de todo acto social. Obviamente, todo el mundo está a favor del desarrollo de la persona. Pero, si no se aborda la cuestión de qué necesidades son beneficiosas para el ser humano y cuáles son perjudiciales, solo se estará mostrando que no importa cómo se hable del desarrollo humano, porque todo será pura palabrería.

Descubrir cuáles son las necesidades beneficiosas para el ser humano es una de las tareas más importantes de la antropología, y no solo de la antropología filosófica, sino también de la antropología psicológica. Es una tarea que deben llevar a cabo quienes tengan un verdadero interés en el desarrollo humano y no estén dispuestos a subordinar el individuo a la economía. Sin embargo, hoy en día es muy difícil abordar esa cuestión. Es comprensible que no pueda debatirse, o que solo pueda hacerse de forma parcial, en los países de economía capitalista. Si se dijera en Estados Unidos, en Alemania Occidental o en cualquier otra nación parecida que no deben satisfacerse ciertas necesidades ni hacer publicidad de ellas, se caería inevitablemente en la contradicción, porque, en una economía de mercado, toda persona es libre de producir lo que quiera en la medida en que redunde en su beneficio. Esto es, sin duda, una complicación para el tema que nos ocupa. Podría pensarse que la cuestión es mucho más sencilla en los Estados socialistas porque la regulación de la economía está básicamente en manos del Gobierno, y este puede llevar adelante sus programas sin que una economía privada se lo impida. Sin embargo, por una ironía de la historia, resulta que en los países socialistas es mucho más difícil hablar de consumo normativo que, por ejemplo, en Estados Unidos. Y es que, en este último, ya hay muchas personas que han comprendido, o están a punto de hacerlo, que el consumo ilimitado no las hace felices. En cambio, en aquellos países que, por múltiples razones, todavía están lejos de la abundancia económica, sigue existiendo la falsa creencia de que, si algún día pueden consumir tanto como en Estados Unidos, la felicidad estará efectivamente a la vuelta de la esquina. Además, a causa de su pasado estalinista, todo lo que implique coerción burocrática, es decir, cualquier norma referente al consumo, encuentra tal resistencia interna que la población no está dispuesta a aceptar limitaciones en este sentido. Se constata, pues, que ni en los países capitalistas ni en los países considerados socialistas existe una verdadera voluntad de reflexionar críticamente sobre el papel del ser humano como consumidor absoluto.

En la segunda parte de este trabajo me gustaría examinar el aspecto espiritual del problema de la abundancia. Cuando he hablado de la pasividad, del vacío y sinsentido de la vida, no me he limitado a hacer unas simples afirmaciones psicológicas, aunque, por supuesto, también tienen su importancia en este sentido y pueden ser verificadas en la práctica clínica individual. En el momento en que abordamos la falta de sentido, el vacío, la pasividad, etc., estamos al mismo tiempo tocando cuestiones importantísimas desde el punto de vista religioso (es decir, desde la perspectiva X).

Permítanme decir unas palabras sobre el individuo productivo o, mejor dicho, *activo*. El ser humano productivo no es el que está ocupado en el sentido habitual, sino aquel que es activo en su interior, que se relaciona activamente con el mundo —el joven Marx también lo describe así—; aquel para el que estar relacionado y vinculado con el mundo es una necesidad interior, que se transforma constantemente en el proceso de la vida y que no permanece inalterado cada vez que actúa, sino que, por el contrario, cada uno de sus actos conlleva al mismo tiempo un cambio en sí mismo. Por tanto, el ser humano ya no es la unidad final y aislada que previó Descartes, de la misma manera que para Einstein el átomo no era la unidad última de la materia. El individuo se encuentra, por su propia naturaleza, en un proceso constante de percepción y entendimiento del mundo, de interés por el mundo (el *interés* entendido en su acepción original, como *inter-esse*, 'lo que está entre'); de este modo, la escisión entre un sujeto dado y un objeto exterior igualmente dado queda superada por la idea de una relación constante, en la que, como dicen los budistas, «no solo vemos la rosa, sino que la rosa también nos ve a nosotros». Esta no es más que una forma particular de expresar la relación e interdependencia que mantiene el ser humano con el mundo.

Vamos a explicarlo con un simple ejemplo: imagine que ve un lago en la lejanía y que más tarde se refiere a él diciendo: «Aquello es un lago, es agua». Y luego imagine que se zambulle en él y que nada en sus aguas. La afirmación de que «aquello es agua» tendrá entonces un sentido diferente. Usted no es el agua, desde luego, pero tampoco es algo ajeno al agua, ya que se ha sumergido, se encuentra mojado y está en relación constante con el agua.

El concepto de actividad podría explicarse entonces de la manera siguiente: si se zambulle en el agua y deja que su cuerpo flote, este proceso, aunque puede parecer pasivo, es de carácter activo, ya que una persona que no sabe nadar tampoco puede flotar pasivamente en el agua porque no tiene control sobre el delicado equilibrio corporal que es necesario para flotar. Así pues, el hecho de «mojarse» con el objeto o de «permanecer seco» en tal proceso es lo que determina —por decirlo en sentido figurado— la diferencia en su relación objetual. La forma de hablar con una persona, de mirar un paisaje, de concebir un pensamiento es lo que marca la diferencia entre un individuo estático, egoísta y aislado y un individuo procesual y activo que está en el mundo.

Y aún hay algo más: ese estar-en-el-mundo, ese darse-al-mundo, esa transformación de sí en el acto de la vida solo es posible cuando el individuo deja atrás su codicia y su mezquindad, cuando deja de sentir su propio yo como una entidad aislada y fija que se opone al mundo (ya sea en el sentido medieval o en el cartesiano). Solo cuando el individuo abandona ese yo, cuando, para usar el lenguaje de los místicos, es capaz de vaciarse de sí mismo, puede llenarse por completo; porque ha de vaciarse de su yo egoísta para colmarse de lo que le llega del mundo. No importa si lo que llega es una persona, la naturaleza o una simple idea. El individuo colmado de sí no está abierto ni es libre de darse a sí mismo. Marx sostenía que el rico es quien *es* mucho, no quien tiene mucho. Hoy quizá podríamos añadir: ¡ni el que consume mucho!

Cuando hablamos en términos espirituales, ya estamos en medio del «problema X». Pero en este ámbito tenemos que ir un paso más allá de Marx. Decía Marx que «los filósofos no han hecho más que interpretar el mundo de diversas maneras, pero de lo que se trata es de transformarlo» (*MEGA*, I, 5, pág. 535). Desde la «perspectiva X» habría que añadir: «Sí, hay que cambiar el mundo, pero debemos ir más allá de la filosofía y de la propia modificación del mundo, porque lo importante es que el propio ser humano sea diferente». Ahora bien, esto significa que el individuo ha de encontrar unos valores que puedan convertirse en motivos genuinos de sus actos. No se trata, pues, de cambiar el mundo ni de las diversas interpretaciones del mundo, sino que la cuestión fundamental es cómo puede el individuo experimentar una transformación tal que los valores que hasta ahora solo reconocía ideológicamente se conviertan en motivaciones ineludibles de su persona y de sus actos.

Desde el «punto de vista X», el individuo se enfrenta desde su nacimiento a una cuestión fundamental a la que ha de dar respuesta en cada momento de su vida: qué significa ser humano. Un «individuo no X» no se planteará nunca esta cuestión, bien porque se conforma con lo que le ofrece el consumo, bien porque se limita a actuar de manera ética (cosa que, por cierto, hoy en día es bastante inusual). El «individuo X», en cambio, debe encontrar alguna respuesta a ese interrogante, y tal respuesta no puede ser de índole intelectual, sino que ha de afectar a todo su ser. Hay un cuento judío que explica muy bien esto. Había una vez un hombre al que le preguntaron por qué acudía a su maestro jasídico. «¿Vas para escuchar sus sabias palabras?» «No —respondió—, no voy por eso. Tan solo quiero ver cómo se ata los cordones de los zapatos.» En el simple acto de anudarse los cordones puede detectarse mejor la esencia del hombre que en todas las ideas filosóficas que sea capaz de expresar.

El ser humano se enfrenta a una cuestión cuya respuesta es más importante que cualquier otra cosa. Llegados a este punto, quizá convenga señalar que esta cuestión solo se está haciendo realidad ahora, en los inicios de la Segunda Revolución Industrial. A lo largo de la historia, la mayoría de la gente estaba siempre demasiado cansada para plantearse tal cosa al término de su jornada laboral, y el pequeño estrato de la clase gobernante estaba demasiado ocupado disfrutando de la vida y temiendo a quienes dominaban como para ocuparse de tales asuntos. A lo mejor dentro de veinte años se produce un cambio radical en Estados Unidos y se instaura la semana laboral de diez horas. Entonces habrá que ver si esas personas son capaces de consumir otras cincuenta horas sin volverse locas, o si por primera vez se ven obligadas a tomarse realmente en serio la cuestión de nuestra existencia. Nadie puede saber cuál es la opción que se impondrá. Lo que sí sabemos es que una sociedad en la que el individuo se ha transformado en un consumidor impenitente se extinguirá por falta de vitalidad interior, pues, como decía Goethe, una sociedad no puede sobrevivir sin esperanza. *Esperanza* significa aquí tener una meta humana y no una meta en la que el ser humano se convierte en un apéndice, un añadido de la máquina.

Por lo tanto, es necesario tomar posición sobre una cuestión que se está debatiendo en la actualidad, sobre todo en los países anglosajones: «¿ha muerto Dios?». Hoy la cuestión no es tanto si Dios ha muerto como si el ser humano ha muerto, si ha quedado tan reducido a un *Homo consumens* pasivo, vacío y alienado que ha perdido toda su vitalidad interior. Y si el ser humano, efectivamente, ha muerto, entonces las conversaciones o los diálogos teológicos entre creyentes y no creyentes tienen muy poco valor. En la Biblia se dice que «los muertos no pueden alabar al Señor» (Salmos, 115, 17), pero a mi juicio esto no solo vale para los realmente fenecidos, sino también para quienes están muertos en su interior, para las personas pasivas y completamente alienadas. Hablen o no de Dios, no pueden alabarlo porque no son capaces de mantener la actitud que permite glorificar a Dios.

El diálogo que mantienen hoy los humanistas cristianos y los no cristianos se desarrolla en realidad en dos niveles. Por un lado tenemos el diálogo entre humanistas cristianos y marxistas, que está basado en ciertos objetivos comunes, como, por ejemplo, el deseo de justicia, la mejora de la situación del hombre, etc. Sin embargo, por otro lado hay un debate mucho más cercano e íntimo, que es el que tiene lugar entre religiosos teístas y no teístas. Quienes no profesan el teísmo se encuentran en una posición más complicada porque carecen del lenguaje adecuado para expresar estos conceptos, y no olvidemos que todas las ideas teológicas proceden de las religiones occidentales, en especial del cristianismo. Por eso el estudio del budismo resulta tan interesante para nosotros, pues se trata de una religión no teísta que no reconoce a ningún dios y que, sin embargo, coincide en su esencia con el misticismo cristiano y judío. Si se comparan los escritos del Maestro Eckhart, uno de los grandes místicos alemanes, con ciertos textos del budismo, se aprecia una correspondencia extraordinaria. A mi juicio, no hay ni debe haber ninguna desavenencia entre los teístas y los no teístas; creo que ambos deberían procurar comprenderse entre ellos y, cada uno, considerar sus propios puntos débiles.

Es cierto que ambas tradiciones, la teísta y la no teísta, presentan elementos discordantes en su desarrollo y sus planteamientos teóricos. Pero, en esencia, tienen la misma posición de partida, que, sin embargo, es incompatible con la idolatría que profesa la inmensa mayoría de la población, tanto en el ámbito religioso como fuera de él. A este respecto me gustaría recordar que el concepto de alienación aparece probablemente por primera vez en el Antiguo Testamento, allí donde se dice: «¿Qué son entonces los ídolos? Los ídolos son cosas inanimadas; son obra de las manos del hombre, y el hombre se inclina ante su propia obra. Coge un trozo de madera; con una parte hace un fuego para cocinar su pan, y con el resto se hace un ídolo para adorarlo». El concepto de alienación quizá no haya sido nunca tan bien expresado como en los escritos de los profetas. Ciertamente puede ponerse en cuestión la existencia misma de la teología, pues no se entiende cómo puede hablarse de Dios cuando es por definición incognoscible. Pero no cabe duda de que necesitamos una *idología*, una ciencia de la idolatría. En realidad, los ídolos siempre adoptan nombres nuevos, y el gran engaño de la gente radica en que no los llama *ídolos*, como se hacía con Baal o Astarté, sino patria, honor, producción o, simplemente, «el individuo aislado». La tarea común de todas las «personas X», tanto teístas como no teístas, es desenmascarar a los ídolos de nuestra época y mostrar cuáles son las falsas deidades y las formas de idolatría de hoy en día.

En la creación de una «ciencia del hombre», de una nueva antropología filosófica y psicológica, podrán participar todos aquellos que no solo se interesen por los conceptos y las formulaciones teóricas, sino también por la experiencia que hay detrás de las ideas. Esta nueva antropología intentará dar respuesta a la pregunta de qué es el ser humano y no se conformará con enumerar los mecanismos psicológicos del individuo. Hoy tenemos que entender que el pensamiento consciente es solo una dimensión de la existencia humana; una dimensión que, por supuesto, no carece de relevancia, porque el pensamiento está imbricado en el proceso de la comprensión de sí y de los demás, pero es un ámbito que ha de ser observado con precaución porque hay otro mucho más importante: el de la propia experiencia del ser humano. En ella podremos ver —y esta es otra de las tareas de esta nueva antropología— en qué consiste realmente la «percepción X» desde el punto de vista humano, independientemente de que se exprese de forma teísta o no teísta. Quizá la cuestión de la muerte de Dios está estrechamente relacionada con la de la muerte de Aristóteles, con lo cual la expresión del pensamiento neotestamentario en términos de filosofía aristotélica podría desaparecer y hoy volvería a imponerse el estilo directo y no abstracto de los profetas del Nuevo Testamento. Es necesario que se entienda que ciertos acontecimientos o fenómenos sociales son perjudiciales para el desarrollo del individuo y que otros, en cambio, le son útiles; pero que los cambios sociales son un elemento necesario, aunque no suficiente, para la liberación del ser humano. Dicha liberación solo será posible si contamos con una nueva antropología que examine empíricamente, y no solo de manera filosófica, lo que significan conceptos como alienación, pasividad, actividad y apertura, pero también la maldad, la envidia, el odio, el afán de destrucción, el narcisismo, la vanidad, etc., y cuáles son las fuerzas inconscientes que impulsan o frenan al individuo a la hora de avanzar hacia esa meta que le han mostrado tanto la cultura humanista religiosa de Oriente como la de Occidente. Aquí veo grandes tareas comunes que deberán abordar humanistas teístas y no teístas, manteniendo un diálogo constante.

VITA ACTIVA

Ahora que me dispongo a examinar la *vita activa*, es decir, la vida activa, supongo que muchos lectores se mostrarán reacios: «¿Por qué tenemos que volver a hablar de actividad? Ya somos demasiado activos y, sin embargo, no dejan de repetirnos que debemos incrementar nuestra actividad. ¿Acaso no es sosiego, contemplación, concentración lo que nos falta?».

Pero ¿qué es lo que se entiende por *actividad*? Según uno de los más grandes pensadores de nuestro siglo, Albert Schweitzer, el individuo contemporáneo es patológicamente pasivo, así que no debe de haber nada bueno en la falta de actividad. Sin duda, esto quiere decir que los conceptos de actividad y pasividad tienen sentidos muy diferentes. De hecho, el significado de ambos términos ha cambiado sustancialmente a lo largo de la historia. Desde la Antigüedad clásica hasta los tiempos modernos, es decir, tanto para Aristóteles, Tomás de Aquino y el Maestro Eckhart como para Spinoza, Karl Marx y Albert Schweitzer, la actividad se entiende como aquello que da expresión (de manera libre y espontánea) a las fuerzas anímicas que anidan en nuestro interior, a saber, la razón, el sentimiento y la sensibilidad a la belleza. La actividad implica que en nuestro interior brota algo que viene de nosotros mismos, que no se nos impone, sino que procede del poder creador que es inherente a todos nosotros.

Para Aristóteles, por ejemplo, la forma más elevada de actividad reside justamente en la vida contemplativa, es decir, en la búsqueda de la verdad. El Maestro Eckhart también defendía la *vita activa*, pero, para él, ser activo no era hacer algo, sino actuar con amor y desinterés en beneficio de los demás. En Spinoza, los conceptos de actividad y pasividad desempeñan un papel fundamental. Todo su sistema filosófico gira en torno a lo que él llama *afectos activos* y *pasivos*, es decir, en torno a la actividad y el padecer, porque *pasivo* viene del latín *passio*, que significa 'sufrir', 'padecer'. Para él, la actividad designa una acción que proviene de la naturaleza humana y al mismo tiempo es conforme a la razón. Si el hombre sufre, está siendo pasivo; por lo tanto, su conducta ni surge de su naturaleza ni es racional; en realidad, está determinada por algo externo, no por él mismo. ¿Y cómo no mencionar a Karl Marx? Me refiero al Marx genuino, no a la versión falseada que han difundido tanto los comunistas como los socialdemócratas. Para Marx, la actividad libre y consciente es lo que constituye la esencia del hombre; una concepción bastante semejante a la de Spinoza.

Este es el concepto de actividad que ha prevalecido a lo largo de la historia hasta los tiempos modernos o, dicho de otro modo, hasta la era industrial. En nuestra época, esto es, en la sociedad industrial y —como suele decirse— posindustrial, la actividad tiene un significado completamente diferente. Se puede definir la actividad, simplemente, como el empleo de la energía humana para producir cambios socialmente útiles. Lo que importa aquí es que la fuerza del hombre provoque transformaciones beneficiosas para la sociedad. ¿Qué significa esto? Pues que el agricultor, el carpintero, el empleado de correos, el vendedor, el corredor de bolsa..., todos los que hacen algo visible y que produce un efecto son considerados activos. Por otra parte, también podemos definir la *actividad* como aquello que se hace para ganar dinero. Comparando las diversas concepciones, podría decirse que la *actividad* en el sentido tradicional designa el mero hecho de estar activo, de hacer algo; en cambio, en la concepción moderna sería sinónimo de *ajetreo*, del hecho de estar ocupado, una acepción que refleja muy bien el término *busyness*. En inglés, *to be busy* es 'estar ocupado', y *business*, 'negocio'; dos vocablos que están estrechamente relacionados.

¿Cuál es entonces la diferencia decisiva entre la actividad en el sentido clásico y la actividad en el sentido moderno de la sociedad industrial? A mi juicio, lo más relevante es que, en la concepción preindustrial, la actividad se caracteriza por el factor de la libertad, mientras que en el sentido moderno su rasgo básico es la compulsión. Aquí estoy expresando algo que quizá sorprenda a muchas personas. ¿Cómo es eso?, se preguntarán. ¿Acaso no podemos hacer todos lo que queremos? ¿No puede uno ser activo tal y como le plazca? ¿Por qué se habla aquí de coerción y al mismo tiempo de libertad? Hoy en día se emplea muy a menudo la palabra *libertad* y se hace mucha publicidad con ella. Pero si ahondamos en lo que es verdaderamente la libertad, en el sentido establecido por la gran tradición humanista, veremos que se trata de la posibilidad que tiene el ser humano de expresarse sin coacción alguna, de crear algo a partir de sí mismo. Si puede hacerlo, es una persona libre; pero, si su vida está sometida a alguna clase de compulsión, no podrá realizar libremente ninguna actividad. Llegados a este punto, puede que algunos se digan: «Bueno, entonces todos somos libres, porque no trabajamos por coacción». Sin embargo, ahí anida un gran engaño. Para explicarlo, voy a aportar algunos ejemplos sobre esta coerción.

Por supuesto, la compulsión puede venir del exterior, como en el esclavo griego, que se veía obligado a trabajar por una fuerza ajena a él, y su actividad, por tanto, es un trabajo forzado. En el trabajador contemporáneo también existe esa misma compulsión, pero ejercida de manera indirecta. El obrero tiene que vender su fuerza de trabajo y se ve más o menos obligado a venderla en las condiciones impuestas por el empresario. Este proceso ha cambiado mucho en los últimos cincuenta años, ya que el trabajador se encuentra actualmente representado por organizaciones poderosas que a veces le imponen lo que ellas quieren. Sea como fuere, el trabajador se encuentra en la tesitura de trabajar o morirse de hambre, porque no tiene ningún capital en el que apoyarse y poder decir: «No quiero hacer eso». Por lo tanto, en ambos casos se trata de una compulsión externa, pero no voy a ahondar en ella porque ya es bien conocida.

Una segunda forma de compulsión sería la que viene del interior, que es mucho más importante que la externa y, en la mayoría de los casos, totalmente inconsciente. Pensemos, por ejemplo, en una de las grandes compulsiones internas que sufre el individuo: la ansiedad. Se puede observar claramente su efecto en la historia de la religión, en concreto, en el calvinismo. El creyente vivía en una angustia perpetua porque no sabía si estaría entre los escogidos por Dios para salvarse, y la única forma de asegurarse la salvación era por medio del éxito económico. De este modo, el miedo a la condenación eterna hizo que en el individuo se desarrollara una tremenda compulsión al trabajo, porque solo el trabajo y el éxito en los negocios podían aplacar su angustia. El éxito económico no era una garantía segura de salvación, pero sí un factor esencial para confirmar que uno estaba entre los elegidos. De todas formas, no hace falta retrotraerse a los antiguos calvinistas para comprobar el efecto de la ansiedad, pues estos constituyen tan solo un ejemplo temprano y particularmente drástico de esta compulsión. Hoy se comprueba que, pese a lo que pueda parecer, el individuo es bastante inseguro y suele experimentar un profunda angustia. Angustia por todo y por todos: por sí mismo, por el sinsentido de la vida, por la competencia de los demás, por el poder de la autoridad, por los padres, por los hijos, por cualquier desconocido y, muchas veces, incluso por su propio cónyuge. Y la mejor manera de escapar la proporciona el trabajo. Son muchos los que trabajan como posesos, pero en realidad actúan así por la angustia que experimentan. Quieren librarse de la ansiedad, de una angustia que es plenamente consciente, y por eso trabajan y trabajan para no tener conciencia de esa angustia en ningún momento. Un individuo ejerce una profesión que le disgusta y altera. ¿Y qué es lo que hace? En lugar de pensar que quizá ha llegado el momento de escoger una nueva profesión, trabaja con mayor ahínco en su viejo empleo para olvidarse de sí y de sus vacilaciones. O puede que sea infeliz en su matrimonio y, en vez de pensar que él o su cónyuge tendrían que cambiar, o que deberían cambiar ambos a un tiempo, intenta librarse de la angustia que le provoca esa situación trabajando todo el día. Y así nos encontramos con el típico empresario que llega agotado a casa porque ha trabajado como un loco y no intercambia más de tres palabras con su mujer en toda la velada. De este modo evita afrontar los problemas de su matrimonio. El trabajo es uno de los mayores narcóticos que existen en la sociedad actual, sin contar el tabaco, el alcohol, la conducción y alguna otra cosa. El individuo se evade en la actividad, que no tiene por qué ser solo trabajo. Cuando termina de trabajar, acude al gimnasio o a alguna asociación para pasar el tiempo; ha de estar siempre ocupado, no tener un momento de tranquilidad, porque, si no, aparece la ansiedad.

Muy a menudo, esto tiene todas las trazas de un trastorno obsesivo-compulsivo, que es donde se muestra de forma más clara. Veámoslo con un simple ejemplo: un hombre ama a una mujer, o cree que la ama, y quiere ir a visitarla. Hay dos trenes que van a la ciudad donde reside su amada: uno sale a las cuatro y el otro, a las cinco. Al hombre le entra entonces la típica duda obsesivo-compulsiva: ¿qué tren debería tomar, el de las cuatro o el de las cinco? Y entonces empieza a decirse a sí mismo que el tren de las cuatro presenta tal ventaja y el de las cinco tal otra, pero que cada cual tiene también sus desventajas, hasta que al cabo de media hora de darle mil vueltas al asunto se da por vencido porque no es capaz de decidir cuál es el mejor tren. Si se analiza lo que ocurre, se percibe con claridad que el individuo, en realidad, tiene dudas sobre su amor. Pero prefiere reprimirlas porque si no tendría que tomar una decisión o hacerle daño a la pareja o a sí mismo. De manera que se reprimen todas las dudas y en su lugar surge una actividad enfermiza que, aunque no tiene ningún fin social, tiene todos los rasgos del *busyness*.

Si me permiten explicarlo con otro ejemplo, pensemos en lo que sucede después de la hipnosis. Una mujer acude a una sesión de hipnosis y, justo antes de terminar, el hipnotizador le dice: «Ahora usted se despertará y, dentro de un cuarto de hora, se quitará la falda». La mujer se despierta, y exactamente quince minutos después dirá: «Uf, hoy hace muchísimo calor, esto no hay quien lo aguante». Y acto seguido se desprende de la falda. No tiene la menor idea de que su actividad, es decir, el hecho de quitarse la falda, no viene de ella misma, sino que está actuando por indicación de otro, solo que ella no es consciente de esa fuerza externa que interviene en ese momento y cree estar actuando por voluntad propia. Sin embargo, sigue racionalizando la situación y se engaña a sí misma pensando que existen buenas razones para actuar como lo hace.

En todos estos tipos de actividad, el ser humano no es libre, no siente alegría ni interés alguno y, en realidad, no está activo de verdad; pero debido a la compulsión externa o, principalmente, a la interna no es consciente de que está actuando por coacción. La actividad no libre —es decir, el ajetreo continuo, el hecho de estar siempre ocupado— es propia de una sociedad que es radicalmente diferente a la preindustrial. En la Edad Media, el objetivo era la salvación, la perfección del hombre. En la era industrial, el objetivo es la mayor producción posible de mercancías y el mayor consumo posible. El individuo se convierte en un instrumento al servicio de fines más elevados: el progreso económico y técnico; es decir, al servicio del tener y no del ser. Por lo tanto, ya no importan los *motivos* que llevan al individuo a estar activo, sino el *resultado*: lo único que cuenta es la utilidad privada y social de esa actividad. A tal punto que, muy a menudo, la actividad compulsiva es económicamente, al menos en apariencia, más útil, fácil y eficaz que la actividad realizada libremente.

¿Y cuál es la consecuencia? Que el trabajador forzado —que es lo que somos todos, a fin de cuentas— sufre por la monotonía, el sinsentido, el hastío, la falta de alegría que le provoca su ocupación constante. Es cierto que no es consciente de ello; de hecho, ni siquiera es consciente de que está sufriendo. Pero son muchos los indicios que nos muestran su sufrimiento. A este respecto me gustaría recordar que las personas sabemos muchas cosas de las que no somos conscientes. Parece una contradicción lógica, pero es un hecho que todos intuimos y sentimos muchas cosas, que tenemos conocimiento de muchas cosas, aunque no recordemos lo que sabemos. Está todo en nuestro interior, pero nos esforzamos en mantenerlo reprimido. Posiblemente, el individuo contemporáneo dedica la mayor parte de su energía a reprimir lo que sabe, porque si fuera consciente de lo que sufre, de lo monótono que es el trabajo para él, tendría que cambiar algunas cosas en su existencia y querría introducir también cambios en la sociedad. Todo es demasiado complicado, demasiado difícil, y por eso prefiere no percibir la aflicción que provoca el trabajo forzado, el trabajo realizado sin alegría ni libertad, y adormecer su conciencia afanándose cada vez más. Podría decirse que este es uno de los grandes autoengaños del individuo contemporáneo. Se cree sumamente activo, pero, en realidad, es sumamente pasivo porque su actividad no surge de sí, sino que es una actividad prescrita para él, manipulada e impuesta en su interior. Como ya se ha indicado, Schweitzer percibió muy bien esta situación. Aunque lo expresó con toda claridad, pasó mucho tiempo antes de que se entendiera de lo que estaba hablando. Sin embargo, cada vez son más los que entienden su mensaje. Hoy en día hay muchas personas en el mundo occidental que son conscientes —o, al menos, medio conscientes— de que su trabajo, su actividad misma, no tiene sentido, no les provoca alegría y les está arruinando la vida; son conscientes de que experimentan una profunda insatisfacción vital y tienen grandes dificultades para procesar de alguna manera este sufrimiento personal, que en concreto procede de la pasividad interior.

¿Cuáles son, entonces, las consecuencias de esta pasividad? Pues bien, una de las consecuencias más importantes salta a la vista y es cada vez mejor conocida: se trata de la compulsión al consumo, la transformación del individuo en *Homo consumens*. Por el hecho mismo de estar vacío en su interior, de ser pasivo en su fuero interno, tiene que absorber cada vez más dentro de sí, colmarse de cosas que le hagan creer que está lleno, cuando en realidad, a causa de su misma pasividad, no está sino vacío. Es el eterno infante que llora por el biberón, aunque se trate de un individuo adulto que supuestamente dirige el mundo.

Su ajetreo y su pereza son, en realidad, señal de una sola cosa: la ausencia de actividad interior. Es algo que se percibe claramente en nuestra época. Hay una gran cantidad de personas que son compulsivamente activas, pero anhelan ser tan perezosas como lo eran antes. Por supuesto, hay también otras que hacen deporte, el cual suele ser otra forma de actividad compulsiva, pero, para muchos, la felicidad consiste en no hacer nada en absoluto, en ser tan holgazán como se pueda. Y eso es, entonces, el «descanso». Sin embargo, este descanso es, en realidad, tan pasivo como lo era el trabajo; y, por ello, uno y otro, el trabajo pasivo y el descanso pasivo, van de la mano. Cuando el individuo ha descansado el tiempo suficiente, vuelven a aparecer los problemas, y quizá en ese momento empieza a reflexionar, pero entonces se reincorpora al trabajo para no tener que pensar.

Lo mismo sucede con la pasividad política. Hoy parece que los ciudadanos se ocupan bastante de los asuntos políticos: hablan de política, se entusiasman con las elecciones y con tal o cual candidato. Pero, en el fondo, son políticamente apáticos, están completamente dominados por el fatalismo. Resulta entretenido participar en el proceso de votación y, en el caso de que gane nuestro candidato, será muy emocionante. Si, por así decirlo, apuestas por un candidato, este proceso será como una carrera de caballos (pero sin dinero de por medio): revisas los dos animales en competición, les miras bien los dientes y al final te dices: «Este es el que ganará». Pero esto no tiene nada que ver con la actividad política genuina. Y es precisamente por esa pereza y la pasividad interior del individuo por lo que la democracia va mal, pues ¿qué clase de democracia es esa en la que los ciudadanos no se interesan en absoluto por sí mismos, es decir, no se comprometen verdaderamente de forma activa, sino que adoptan la misma actitud de espectadores pasivos que en una carrera de caballos o la que adoptaban los romanos pobres en las exhibiciones circenses y las luchas de gladiadores? Por supuesto, un medio tan importante como la televisión contribuye en gran medida a este proceso. En Estados Unidos es incluso peor que en Alemania, porque la televisión empieza a las siete de la mañana; pero básicamente sucede lo mismo en todas partes. Uno se «traga» algo que viene de fuera y se vincula pasivamente a lo que se le sugiere. Se «devoran» las noticias.

Sin embargo, esta pasividad interior no es solo cosa de las grandes masas, de las que quizá se podría decir: «Si a fin de cuentas no tienen nada que aportar, ¿cómo no van a ser más que pasivas?». Es algo que se da tanto entre los gobernados como entre los gobernantes. Ambos son igual de pasivos, igual de fatalistas; se dejan llevar por las normas del procedimiento burocrático igual que los conciudadanos se dejan guiar por ellas. Nadie sabe adónde va ni adónde quiere ir. Lo que determina todo esto son precisamente las normas burocráticas. Quizá pueda explicarlo por medio de un ejemplo. Durante la Segunda Guerra Mundial se planteó la cuestión de si había que construir los submarinos de una forma que los hiciera más rápidos, esto es, suprimiendo la pequeña plataforma de la base, de manera que la nave pudiera sacar más partido al viento y navegar con mayor velocidad. Un almirante —no recuerdo si fue Dönitz o Raeder— impidió que se adoptara tal innovación con el argumento siguiente: «Necesitamos esa plataforma para que los marineros puedan desfilar por ella y efectuar el saludo reglamentario». Así, lo que parecía conveniente desde el punto de vista bélico fue rechazado por una razón puramente burocrática y casi pueril que iba en menoscabo de la flota, de la marinería y del éxito militar. Este es solo un pequeño ejemplo, aunque de bastante entidad. Sin embargo, cuando uno se da cuenta de la pasividad de los propios dirigentes ante el aparente destino de nuestras naciones, entonces se entiende por qué no se hace prácticamente nada para evitar una catástrofe que, como bien saben las mentes más preclaras del mundo, es prácticamente inevitable.

Con las reflexiones precedentes, me gustaría animar a los lectores a que desarrollen una actividad propia que no sea contraria a la contemplación, sino que incentive el desarrollo personal. Hoy en día es de crucial importancia que esto sea así. Si queremos sobrevivir, debemos aprender a vivir en lugar de que se nos imponga la vida.

¿Cuál es el objetivo? Creo que se trata de tomar conciencia de la pasividad y de advertir que esa pasividad hace sufrir a la gente. Lo primero es la toma de conciencia. El siguiente paso es la práctica de la actividad genuina, empezando quizá por el acto mismo de quedarnos quietos y dedicarnos a observar, a escuchar, a meditar. No es una tarea fácil, aunque puede parecer una nimiedad. Cuando se pide a la gente que permanezca quieta, la inmensa mayoría responde: «Eso no tiene ningún misterio, puedo hacerlo sin ningún problema. ¿Qué sentido tiene?». Sin embargo, si alguna vez lo intenta, se dará cuenta de que no puede librarse de la actividad compulsiva, del ajetreo perpetuo.

BIBLIOGRAFÍA

Bender, L., y P. Schilder (1936), «Aggressiveness in Children», *Genetic Psychology Monographs*, vol. 18, págs. 410-425.

Calvino, J. (1928), *Institutes of the Christian Religion*, trad. de John Allen, Filadelfia, Presbyterian Board of Christian Education (trad. cast.: *Institución de la religión cristiana*, trad. de Cipriano de Valera, Madrid, Visor, 2003).

Despert, J. L. (1940), «A Method for the Study of Personality Reactions in Preschool Age Children by Means of Analysis of their Play», *Journal of Psychology*, vol. 9, págs. 17-29.

Freud, S., *The Standard Edition of the Complete Psychological Works of Sigmund Freud (S. E.)*, vols. 1-24, Londres, The Hogarth Press, 1953-1974 (trad. cast.: *Obras completas*, trad. de José Luis Etcheverry, 25 vols., Buenos Aires, Amorrortu, 1978).

— (1930a), *Civilization and its Discontent*, en *S. E.*, vol. 21, págs. 57-145 (trad. cast.: *El malestar en la cultura*, en *Obras completas*, trad. de José Luis Etcheverry, vol. XXI, Buenos Aires, Amorrortu, 1978).

Fromm, E. (1932a), «The Method and Function of an Analytic Social Psychology», en E. Fromm, *The Crisis of Psychoanalysis*, Nueva York, Holt, Rinehart and Winston, 1970, págs. 135-162 (trad. cast.: «Método y función de una psicología social analítica», en *La crisis del psicoanálisis*, trad. de Floreal Mazía, Barcelona, Paidós, 1971).

— (1936a), «Sozialpsychologischer Teil», en M. Horkheimer (ed.), *Schriften des Instituts für Sozialforschung*, vol. V: *Studien über Autorität und Familie. Forschungsberichte aus dem Institut für Sozialforschung*, París, Librairie Félix Alcan, págs. 77-135 (trad. cast.: «Autoridad y familia: parte sociopsicológica», en H. P. Gente (ed.), *Marxismo, psicoanálisis y sexpol*, vol. 1: *Documentos*, Buenos Aires, Granica, 1972, págs. 184-248).

— (1937a), «Zum Gefühl der Ohnmacht», *Zeitschrift für Sozialforschung*, París, Librairie Félix Alcan, vol. VI, págs. 95-119.

— (1939b), «Selfishness and Self-Love», *Psychiatry. Journal for the Study of Interpersonal Process*, Washington, The William Alanson Psychiatric Foundation, vol. 2, págs. 507-523.

— (1941a), *Escape from Freedom*, Nueva York, Farrar and Rinehart (trad. cast.: *El miedo a la libertad*, trad. de Gino Germani, Barcelona, Paidós, 2006).

— (1944a), «Individual and Social Origins of Neurosis», en *American Sociological Review*, Nueva York, vol. 9, págs. 380-384 (trad. cast.: «Orígenes individuales y sociales de la neurosis», en C. Kluckhohn y otros, *La personalidad en la naturaleza, la sociedad y la cultura*, trad. de Hortensi E. Acosta, Barcelona, Grijalbo, 1977).

— (1947a), *Man for Himself. An Inquiry into the Psychology of Ethics*, Nueva York, Rinehart and Co. (trad. cast.: *Ética y psicoanálisis*, trad. de Heriberto F. Morck, México, Fondo de Cultura Económica, 1997).

— (1955a), *The Sane Society*, Nueva York, Rinehart and Winston, Inc. (trad. cast.: *Psicoanálisis de la sociedad contemporánea: hacia una sociedad sana*, trad. de Florentino M. Torner, México, Fondo de Cultura Económica, 2020).

— (1958d), «The Moral Responsibility of Modern Man», *Merrill-Palmer Quarterly of Behavior and Development*, Detroit, vol. 5, págs. 3-14.

— (1959c), «The Creative Attitude», en H. A. Anderson (ed.), *Creativity and Its Cultivation*, Nueva York, Harper and Row, págs. 44-54.

— (1961a), *May Man Prevail? An Inquiry into the Facts and Fictions of Foreign Policy*, Garden City, Anchor Books, Doubleday (trad. cast.: *¿Podrá sobrevivir el hombre?: una investigación sobre los hechos y las ficciones de la política internacional*, trad. de Gregorio Araoz, Barcelona, Paidós, 2000).

— (1964a), *The Heart of Man. Its Genius for Good and Evil*, Nueva York, Harper and Row (trad. cast.: *El corazón del hombre: su potencia para el bien y para el mal*, trad. de Florentino M. Torner, México, Fondo de Cultura Económica, 1980).

— (1966c), «The Psychological Aspects of the Guaranteed Income», en R. Theobald (ed.), *The Guaranteed Income. Next Step in Economic Evolution?*, Nueva York, Doubleday and Co., págs. 175-184.

— (1967e), «Do We Still Love Life?», *McCalls*, Nueva York, vol. 94, agosto de 1967, págs. 57 y 108-110.

— (1970j), «Die psychologischen und geistigen Probleme des Überflusses», en O. Schatz (ed.), *Die erschreckende Zivilisation. Salzburger Humanismusgespräche*, Viena, Europa Verlag, págs. 35-58.

— (1973a), *The Anatomy of Human Destructiveness*, Nueva York, Holt, Rinehart and Winston (trad. cast.: *Anatomía de la destructividad humana*, trad. de Félix Blanco e Ignacio Millán, México, Siglo XXI, 2022).

— (1976c), «The Will to Live», *Preventive Medicine. An International Journal Devoted to Practice and Theory*, Nueva York, Academic Press, vol. 5, págs. 518-521.

— (1977a), *Vita activa*, en H. J. Schultz (ed.), *Was der Mensch braucht. Anregungen für eine neue Kunst zu leben*, Stuttgart, Kreuz-Verlag, págs. 9-17.

— (1980a), *The Working Class in Weimar Germany. A Psychological and Sociological Study*, edición e introducción de Wolfgang Bonß, Londres, Berg Publishers, 1984 (trad. cast.: *Obreros y empleados en vísperas del Tercer Reich*, trad. de Héctor A. Piccoli y Lucio Piccoli, Buenos Aires, Fondo de Cultura Económica, 2013).

—, y M. Maccoby (1970b), *Social Character in a Mexican Village. A*

Sociopsychoanalytic Study, Englewood Cliffs, Prentice Hall (trad. cast.: *Sociopsicoanálisis del campesinado mexicano: estudio de la economía y la psicología de una comunidad rural*, trad. de Claudia Dunning de Gago, México, Fondo de Cultura Económica, 2007).

Horkheimer, M. (1936a), «Egoismus und Freiheitsbewegung», *Zeitschrift für Sozialforschung*, vol. 5 (trad. cast.: «Egoísmo y movimiento liberador», en *Teoría crítica*, trad. de Edgardo Albizu y Carlos Luis, Buenos Aires, Amorrortu, 2003).

Horney, K. (1937), *The Neurotic Personality of Our Time*, Nueva York, W. W. Norton & Co. (trad. cast.: *La personalidad neurótica de nuestro tiempo*, trad. de Ludovico Rosenthal, Barcelona, Paidós, 1993).

— (1939), *New Ways in Psychoanalysis*, Nueva York, W. W. Norton & Company (trad. cast.: *El nuevo psicoanálisis*, trad. de Salvador Echevarría, México, Fondo de Cultura Económica, 1995).

James, W. (1896), *Principles of Psychology*, 2 vols., Nueva York, Holt, Rinehart & Winston, 1893-1896 (trad. cast.: *Principios de psicología*, trad. de Agustín Bárcena, México, Fondo de Cultura Económica, 1994).

Kant, I. (1907), *Die Religion innerhalb der Grenzen der bloßen Vernunft*, en *Kants Werke*, vol. VI, Berlín, Georg Reimer Verlag (trad. cast.: *La religión dentro de los límites de la mera razón*, trad. de Felipe Martínez Marzoa, Madrid, Alianza, 2016).

— (1907a), *Der Rechtslehre Zweiter Teil. Das öffentliche Recht*, en *Kants Werke*, vol. VI, Berlín, Georg Reimer Verlag, 1907.

— (1908), *Kritik der praktischen Vernunft*, en *Kants Werke*, vol. V, Berlín, Georg Reimer Verlag (trad. cast.: *Crítica de la razón práctica*, trad. de Roberto R. Aramayo, Madrid, Alianza, 2013).

— (1909), *Critique of Practical Reason and Other Works on the Theory of Ethics*, trad. de Thomas Kingsmill Abbot, Londres y Nueva York, Longmans Greene.

— (1933), *Grundlegung zur Metaphysik der Sitten*, ed. de Karl Vorländer, Leipzig, Verlag Felix Meiner (trad. cast.: *Fundamentación de la metafísica de las costumbres*, trad. de Carmen García Trevijano y Manuel García Morente, Madrid, Tecnos, 2006).

— (1934), *Religion Within the Limits of Reason Alone*, trad. de T. M. Greene y H. H. Hudson, Chicago Open Court.

Kraus, J. B. (1930), *Scholastik, Puritanismus und Kapitalismus*, Múnich, Dunker.

Levy, D. M. (1937), *Studies in Sibling Rivalry*, vol. V, Nueva York, American Orthopsychiatric Association.

Lynd, R. S. (1939), *Knowledge for What?*, Princeton, Princeton University Press.

Marx, K., y F. Engels, *Historisch-kritische Gesamtausgabe* (= *MEGA*) [Edición histórico-crítica de las obras completas de Marx y Engels], *Werke – Schriften – Briefe, im Auftrag des Marx-Engels-Lenin-Instituts Moskau hg. von V. Adoratskij*; primera sección: *Sämtliche Werke und Schriften mit Ausnahme des «Kapital»*, 6 vols.; segunda sección: *«Das Kapital» mit Vorarbeiten*; tercera sección: *Briefwechsel*; cuarta sección: *Generalregister*, Berlín, 1932.

Mayo, E. (1933), *The Human Problems of an Industrial Civilization*, Nueva York, The Macmillan Co.

Nietzsche, F. (1907), *Beyond Good and Evil*, trad. de Helen Zimmer, Nueva York, Macmillan (trad. cast.: *Más allá del bien y del mal*, trad. de Andrés Sánchez Pascual, Madrid, Alianza, 2016).

— (s. f.), *Thus Spoke Zarathustra*, trad. de Thomas Common, Nueva York, Modern Library (trad. cast.: *Así habló Zaratustra*, trad. de Andrés Sánchez Pascual, Madrid, Alianza, 2011).

— (1910), *The Will to Power*, trad. de A. M. Ludovici, 2 vols., Edimburgo y Londres, T. N. Foulis (trad. cast.: *La voluntad de poder*, trad. de Aníbal Froufe, Madrid, Edaf, 2000).

— (1911), *The Twilight of Idols*, trad. de A. M. Ludovici, Edimburgo, T. N. Foulis (trad. cast.: *Crepúsculo de los ídolos*, trad. de Andrés Sánchez Pascual, Madrid, Alianza, 2013).

— (1911a), *Ecce Homo*, trad. de A. M. Ludovici, Nueva York, Macmillan (trad. cast.: *Ecce homo*, trad. de Andrés Sánchez Pascual, Madrid, Alianza, 2011).

—, *Nachlass: Nietzsches Werke, Nachlass*, Leipzig, A. Kroener.

Pascal, R. (1933), *The Social Basis of the German Reformation. Martin Luther and His Times*, Londres, Watts and Co.

Robeson (Brown), A. (1927), *The Portrait of a Banker: James Stillmann*, Nueva York, Duffield.

Schweitzer, A. (1963), «Die Entstehung der Lehre der Ehrfurcht vor dem Leben und ihre Bedeutung für unsere Kultur. Lambarene 21. April 1963», en *Die Lehre von der Ehrfurcht vor dem Leben. Grundtexte aus fünf Jahrzehnten*, ed. de Hans Walter Bähr, Múnich, Verlag C. H. Beck, 1966; citado por la edición de A. Schweitzer, *Gesammelte Werke in fünf Bänden*, Zúrich, Buchclub Ex Libris, 1974, vol. 5, págs. 172-191.

Spinoza, Baruch de (1966), *Die Ethik. Schriften und Briefe*, ed. de Friedrich Bülow, Stuttgart, Alfred Kröner Verlag (trad. cast.: *Ética*, trad. de Vidal Peña García, Madrid, Alianza, 2011).

Stirner, M. (1912), *The Ego and His Own*, trad. de Steven T. Byington, Londres, A. C. Fifield (trad. cast.: *El único y su propiedad*, trad. de Pedro González Blanco, Madrid, Sexto Piso, 2014).

Tawney, R. H. (1926), *Religion and the Rise of Capitalism*, Nueva York, Harcourt & Brace.

Weber, M. (1930), *The Protestant Ethic and the Spirit of Capitalism*, trad. de Talcott Parsons, Londres, Allan (trad. cast.: *La ética protestante y el espíritu del capitalismo*, trad. de Joaquín Abellán, Madrid, Alianza, 2012).

FUENTES

La introducción y tres de los artículos del libro («El sentimiento de impotencia», «Los problemas psicológicos y espirituales de la abundancia» y «*Vita activa*») han sido traducidos del original alemán; los demás, del inglés. *(N. de la t.)*

«¿Amamos aún la vida?» (1967e) se publicó por primera vez en la revista *McCalls*, Nueva York, vol. 94, agosto de 1967, págs. 57 y 108-110. Reeditado en E. Fromm, *Love, Sexuality, and Matriarchy*, Nueva York, Fromm International Publishing Corporation, 1997, págs. 196-209. Copyright © 1967 by Erich Fromm. Copyright © 1998 and 2020 by The Estate of Erich Fromm.

«La responsabilidad moral del hombre moderno» (1958d) se publicó originalmente en *Merrill-Palmer Quarterly of Behavior and Development*, Detroit, vol. 5, 1958, págs. 3-14. Copyright © 1958 by Erich Fromm. Copyright © 1981 and 2019 by The Estate of Erich Fromm.

«Egoísmo y amor propio» (1939b) se editó por primera vez en *Psychiatry. Journal for the Study of Interpersonal Process*, Washington, The William Alanson Psychiatric Foundation, vol. 2, págs. 507-523. Reeditado en E. Fromm, *Love, Sexuality, and Matriarchy*,

«*Vita activa*» (1977a) es la traducción al castellano de una conferencia emitida por la Süddeutscher Rundfunk y editada en forma impresa en H. J. Schultz (ed.), *Was der Mensch braucht. Anregungen für eine neue Kunst zu leben*, Stuttgart, Kreuz-Verlag, 1977, págs. 9-17. Copyright © 1977 by Erich Fromm. Copyright © 2020 by The Estate of Erich Fromm.